江西理工大学资助出版
清江学术文库

新时代高校英语教育中的跨文化能力培养研究

李 睿 著

中南大学出版社
www.csupress.com.cn
·长沙·

图书在版编目(CIP)数据

新时代高校英语教育中的跨文化能力培养研究 / 李睿著. —长沙：中南大学出版社，2024.7

ISBN 978-7-5487-5822-8

Ⅰ. ①新… Ⅱ. ①李… Ⅲ. ①英语—教学研究—高等学校 Ⅳ. ①H319.3

中国国家版本馆 CIP 数据核字(2024)第 082657 号

新时代高校英语教育中的跨文化能力培养研究

XINSHIDAI GAOXIAO YINGYU JIAOYU ZHONG DE KUAWENHUA NENGLI PEIYANG YANJIU

李睿　著

□出 版 人　林绵优
□责任编辑　沈常阳
□责任印制　唐　曦
□出版发行　中南大学出版社
　　　　　　社址：长沙市麓山南路　　邮编：410083
　　　　　　发行科电话：0731-88876770　　传真：0731-88710482
□印　　装　河北万卷印刷有限公司

□开　　本　710 mm×1000 mm　1/16　□印张 15.5　□字数 222 千字
□版　　次　2024 年 7 月第 1 版　□印次 2024 年 7 月第 1 次印刷
□书　　号　ISBN 978-7-5487-5822-8
□定　　价　88.00 元

前言 Preface

在全球经济快速发展的今天，跨文化交流至关重要。教育是培育未来人才的重要手段，人们需要不断更新教学理念和策略，以使人才适应日益多样化的国际环境。尤其是高校英语教育，其重要性不仅体现在培养学生的语言技能上，还体现在培养学生的跨文化能力上，应使学生成为可以在国际舞台上自信交流的人才。

本书旨在探讨新时代高校英语教育中的跨文化能力培养。首先，阐述了高校英语教育、跨文化交际的基本概念和理论。其次，讨论了跨文化交际与高校英语教育融合的目标、原则和策略，并针对跨文化能力的内涵，以及测试、评估和培养路径做了详细论述与剖析。跨文化能力培养不应局限于跨文化交际课程的教学中，而应渗透到高校英语词汇教学、听说教学、阅读教学、翻译教学和写作教学等多个模块的教学中。对此，本书第四章进行了详细探讨。再次，关注了高校英语教师与教材在跨文化能力培养中的作用，并提出了利用当前迅猛发展的网络技术优化跨文化能力培养的原则与策略。最后，分析了新时代高校英语教育中跨文化能力培养的新发展，对未来的研究和实践提出了建议和期望。

希望本书能够为高校英语教育工作者提供有价值的参考和指导，也希望本书能引发更多的学术讨论和研究，以推动高校英语教育向更高的层次发展。

目录 Contents

第一章 导 论

第一节 高校英语教育概述

一、现代英语教育的内涵

（一）教育与教学

1. 教育

教育在人类的发展历程中扮演着关键角色，既作为文明和知识传播的桥梁，又作为个体在社会中找到定位的工具。仅从字面上来理解“教育”，其复杂性和多层面的内涵就已显露。汉语的“教”和“育”与英语的“education”有所不同，在汉语中它们分别有“上施下效”“使之为善”的意思，在英语中则为“导出”的意思，但它们又都在某种程度上显示了教育的核心思想——引导与发展。

《教育大辞典》认为，教育是传递社会生活经验并培养人的社会活动；学校教育则是根据一定的社会要求和受教育者的发展需要，有目的、有计划、有组织地对受教育者施加影响，以培养社会所需要的人才的活动。

肖川认为，教育的真义就是价值引导与自主建构的统一。奠基于价值引导与自主建构相统一的教育，从学生的成长过程来说，是精神的唤醒、潜能的显发、内心的敞亮、主体性的弘扬和独特性的彰显；从师生共同活动的角度来说，是经验的共享、视界的融合和灵魂的感召。①

结合上述观点，本书认为，教育的内涵有两大要素：引导与发展。教育的引导性强调了它的目的性，这个目的并不是一成不变的，而是根据时代、文化和社会背景的不同而有所变化的。无论如何，教育的终极目标都是“使之为善”。这一点也意味着教育的过程不能是强制的，因为强制可能会使学习变得乏味、无趣，从而失去教育的本意。真正的教育应鼓励自我驱动，使学生自愿、主动求知。然而，教育的目的不仅仅是引导，更重要的是发展，这种发展涵盖了知识、技能和价值观等各个方面。每一名学生都是独特的，学生各自有着不同的才能和兴趣，教育的职责就是发现并培养这些才能，使学生能够充分展现自我，为社会做出贡献。谈论到“发展”，意味着教育不仅仅是对已有知识的传递，更是一个启发性的过程，真正的学习不仅仅是对知识的接受，更多的是对知识的探索、批判和应用。这种发展性的教育模式鼓励学生思考、探索和实践，从而使学生形成自己的见解。

2. 教学

教学在教育领域中占据着核心的位置，因为涉及的内容和过程十分复杂，所以教学是一个多维度的概念。对于教育研究方面的学者或实践者而言，理解教学的多个层面是至关重要的。

教学是教育的一个实际体现，它是实现教育目标的手段之一。从教师的视角来看，教学是一个有序、有目的和有计划的过程，旨在为学生提供最佳的学习机会。而从学生的视角来看，教学为学生提供了一个系统的框架，在这个框架中，学生在教师的引导下进行探索和学习。这种有意识的引导，不仅仅是为了帮助学生掌握特定的知识和技能，更重要的是让学生能够在学习过程中全面发展。这种发展既包括认知层面，如对知识和技能的掌握，也涉及情感、态度和价值观的培养。因此，教学不仅仅是一个传授知识的过程，还是一个涉及多方面的整体性的活动。

① 肖川. 教育的真义：价值引导与自主建构 [J]. 教师之友，2004（2）：49-51.

在这个活动中，师生之间的互动起到了至关重要的作用。教学既是教师向学生传递信息和知识的过程，也是学生积极参与和反馈的过程。这种互动使得学生不再是被动的知识接受者，而是积极的学习者。学生能够根据自己的需要和兴趣选择学习内容，并在教师的引导下进行深入探索。在教学中，关键是学生的主动参与和积极态度，没有学生的主动参与，教学的所有努力都可能付诸东流。教师和学生应该共同努力，确保教学过程的顺利进行，以达到预定的教育目标。

教学是学校教育的核心，它在教育过程中所起的作用是无可替代的，具备明确的目标与指向。每一个学科都有其独特的教学目标，而且这些目标在不同的学段、学年，甚至每一个学期、每一节课中都可能有所不同。这样的变化和差异性保证了教学的灵活性和多样性。对于“教学”这一活动来说，系统性和计划性是两大关键特征，它们保证了教学在学校教育中是有组织、有方向地进行的。无论是课程计划还是教学计划，都是经过教育行政机构、学校以及教师深思熟虑后再确定的，这使得教学的连续性和一致性得到了保证。

教学活动历经数千年的发展，已经积累了众多的方法和经验。在现代科学技术飞速发展的背景下，教育技术为教学提供了强大的支持。这些技术不仅增强了教学的有效性，也为教师和学生提供了更多的选择和可能性。

由此可知，教学是一个复杂而又系统的过程。在这一过程中，教师基于一定的内容，根据明确的教学目标，借助各种教学方法和技术，有计划地、系统地引导学生探索和学习，使学生掌握知识和技能，得到全面发展。

（二）英语教育的本质

首先，英语教育被视为语言教育。语言是人类交流思想、感情和意愿的主要工具。在全球化的背景下，英语作为应用范围较广的语言，在跨国交流和合作方面显得尤为重要。掌握了英语，意味着拥有了一把打开世界之门的钥匙。语言不仅仅是单词和语法规则的组合，还是一个活生生的、不断发展和变化的体系，反映了使用者的思维方式和习惯。因此，英语教育不仅要教给学生如何准确使用词汇和语法，更要培养学生的交际能力，使学生能够在真实的语境中流利、恰当地使用英语。

其次，英语教育还是文化教育。每一种语言背后都承载着一种文化，英语亦不例外。学习英语的过程也是一个了解英语国家文化、历史、习俗和价值观的过程。这一点尤其重要，因为语言和文化是密不可分的。学生在学习如何使用英语表达自己时，也在接触和理解一个与母语文化不同的文化。通过这样的学习，学生不仅可以更深入地理解英语，而且可以培养跨文化交际能力，使自己在与不同文化背景的人交往时，能够更具有同理心、包容性和适应性。

二、高校英语教学的基本原则

（一）以学生为中心原则

学生作为教育活动的核心与灵魂，在教育活动中占据着不可替代的地位。为确保教育过程的有效性和教学效果的优质性，强调学生的中心地位并挖掘学生的内在潜能是关键。“以学生为中心”实际上是要求教育者针对学生在受教育过程中的实际需求与状态，有目的地组织与设计教学活动，提高学生的沟通能力和其他各项能力。这种“以学生为中心”的教学理念，并不意味着对教师的指导作用持有怀疑或忽视的态度，而是显示了教师在引导学生学习过程中的关键地位。教师有责任创造一个鼓励学生参与和满足学生学习需求的环境。教师的每一个行为和决策都应当以学生的学习为中心。教师应当根据学生的反馈和需要来调整教学方法和策略。

要以学生为中心，教师在教学过程中就要着重关注以下几个方面。

1. 教材的筛选与适应

对教材进行深入分析和理解是教师日常工作的重要部分，教师需要熟悉教材内容，并根据以往的教学实践，筛选出最适合学生的部分。为满足学生多元化的学习需求，教师应根据实际情况调整甚至优化教材，确保教材内容与学生的实际需求和学习目标保持一致。

2. 教学准备的深度与广度

在备课过程中，教师要充分了解学生的学习状态，如通过课堂表现、测试或考试成绩等，并根据学生的实际水平和需求来调整教学计划。为了确保学生真正成为学习的中心，教师需要努力设计更多开放性的学习任务，并鼓励每一位学生参与。

3. 针对学生的教学活动设计

学生具有独特的性格和能力，这使得学生对教学活动有着不同的需求和反应。例如，那些天性外向和热情的学生往往会主动地投入英语交流活动中，享受与他人的互动；而内向或害羞的学生可能会在这种环境中感到不适应。教师需要确保每一位学生都能在教学活动中找到自己的位置，并为学生量身定制教学活动，让每一位学生都能激发自身最大潜能，从而全面提高英语能力。

4. 教学手段的选择与应用

成功的教学不仅取决于教学内容，还取决于如何将这些内容传达给学生。根据教学内容和学生的需求选择适当的教学手段是至关重要的。例如，使用直观的教学工具，可以激发学生的视觉和听觉能力，帮助学生更深入地理解和记忆知识。这样的方式可以促进学生对知识的吸收，为学生创造一个积极、轻松的学习环境。为确保学生真正掌握所学内容，教师应及时进行评估，帮助学生发现并改进薄弱环节。

（二）交际性原则

交际性原则强调了语言学习的核心目标：使学生能够在真实场景中有效地使用英语进行沟通。这一原则表明，学生学习语言不仅是为了掌握语法结构或积累词汇，更是为了培养在各种情境中的交际能力。这需要教育者从传统的知识传授模式转向模拟真实交流环境的教学模式，使学生有机会实际运用所学知识，应对交流中可能遇到的各种问题。

为了培养学生的实际交际能力，教学活动设计应更加重视采用情景模拟、角色扮演、小组讨论等互动形式。鼓励学生主动参与这些活动，可促进学生的语言输出，并培养学生在多样化交际情境中的应变能力。教学内容也应从单一的语法和词汇扩展到文化、社交礼仪、实际交流策略等方面，使学生更好地理解和适应英语交际中的文化和情境差异，为学生在未来的国际交往和职业生涯中成功沟通奠定坚实的基础。

（三）兴趣性原则

俗话说，兴趣是最好的老师。为了更好地满足学生的学习需求，教师需要深入了解和尊重学生的想法和感受。例如，在选择学习内容或布置作业时，教师应充分考虑学生的兴趣和需求。为了有效提高学生的学习兴趣，教师需要从以下几个方面入手。

1. 关注与引导学生

在高校英语教育中，学生是至关重要的参与者，既是接受知识的对象，也是整个教育过程的核心。这一阶段是学生的世界观、人生观和价值观逐渐稳固和成熟的时期，学生可能会面临各种挑战。学生需要教师的关注和指导，以确保能够适应新环境，并圆满完成学习任务。随着时间的推移，学生会逐渐发展出独立自主的学习能力，这也意味着教师需要逐渐转变自己的角色，更多地扮演引导者和辅导员角色，激发学生的学习兴趣，而不再是传统意义上的“讲授者”。

2. 改进教学方法

传统的英语教学方法往往依赖单一的教学模式，如灌输式教学模式。这种模式很难满足现代学生的学习需求，尤其是在英语交际学习的高级阶段，学生需要更多地参与实践。

为了更好地培养学生的实际交际能力，激发学生的学习兴趣，教师应提供更多真实的场景和实用的学习策略，除了教授语法和词汇知识，还需要为学生提供真实的交流机会，让学生在实际的情境中使用英语。

例如，通过模拟真实的对话场景，让学生尝试使用新学的词汇和句型，从而更好地掌握它们。

3. 促进教学互动

高校环境是多元化的，学生具有不同的文化背景，拥有各种各样的经验和观点，这为英语教学提供了宝贵的资源。教师应充分利用这些资源，鼓励学生之间的交流和合作，增强学生的交际能力，帮助学生建立友谊，增进学生之间的理解，使学生对英语学习更有兴趣。

（四）系统性原则

系统性原则突出了语言学习的连续性与完整性，这意味着英语教学不应是孤立的知识点或技能的教授，而应该具备一个完整的、有机的体系。语言本身是一个复杂的系统，包括语音、词汇、语法、修辞等多个层面，这些层面之间相互关联，共同构成了语言的完整体系。系统性原则强调，在教学过程中，教师需要确保学生全面、均衡地了解这些层面，而不是片面地强调其中某一个层面。

遵循系统性原则，高校英语课程设计将更为科学、全面。例如，课程内容会涵盖听、说、读、写等多种技能的培养，而这些技能又都与具体的语言内容（如语法、词汇、语音）紧密结合。这一原则也促使教育者思考如何将不同的教学内容有机地串联起来，使学生在学习的每一个阶段都能看到整体的脉络，理解各个部分之间的内在联系。

（五）循序渐进原则

循序渐进是一种充分考虑学生接受能力和知识积累情况的教学方法。高校在英语教学中遵循循序渐进原则意味着，教育者需要确保课程内容按照难易程度和知识深浅程度有条不紊地展开，确保学生在学习过程中逐步、稳定地积累英语能力。此原则不仅体现在单一课程的设计中，还表现在整个学习周期中。成功的英语教学体系一般从基础的词汇和语法入手，然后逐渐引入更复杂的文本和话题，直至高阶的批判性思考和表达能力提升。

在高校英语教学中，遵循循序渐进原则的好处是多方面的。从学生的角度来看，这种逐步提高的学习方式减少了突然面对困难和复杂内容时的挫败感，能够在掌握了基础内容之后再逐步挑战更高的难度。这种方法也有助于学生巩固基础知识，因为在学习新内容时，学生会反复使用和回顾已经学过的内容。从教师的角度来看，循序渐进的教学方法使得课程内容的组织更为清晰，易于跟踪和评估，能更好地掌握学生的学习进度。这一原则也为教学活动的设计提供了方向，教师可以根据学生的实际进展调整教学方法和内容，以确保学生能够在整个学习过程中获得持续、稳定成长。

（六）发展性原则

英语教学的发展性原则基于对学生不断变化和成长的理解，可确保教学活动满足学生在未来职业生涯中不断发展的需要。这一原则体现出，学生进入大学时的知识和技能水平与即将毕业时的水平是不同的，因此，教学方法、策略和内容都需要与时俱进，确保与学生的发展阶段相匹配。发展性原则追求的不仅仅是知识的传授，更重要的是培养学生的能力，使学生能够在学术研究、实践应用和未来的职业发展中独立思考、创新和解决问题。

发展性原则体现在教学活动的各个方面。在课程设计中，内容的选择和组织要确保能够反映学生的学习进程。例如，初级课程可能更注重基本语法和词汇的教学，而高级课程则可能侧重于文化交际、文学分析或商务英语等领域，这反映了学生从基础到高级的学习路径。教学方法和策略也需要不断调整，以满足学生不断变化的需求。早期，教师可能会采用更为直接的教学方法，如讲授法。随着能力的提高，学生可能会被鼓励进行更多的小组讨论、项目研究或自主学习。

（七）文化导入原则

文化导入原则强调了文化背景知识在语言学习中的关键作用。语言不仅包括词汇、语法等，还融入了深厚的文化和历史背景。英语作为应用范围较广的语言，反映了多元的文化特点和背景。为了确保学生能够有效理解和使用英语，英语教学活动需要融入与该语言相关的文化元素。文化导入原则强调真正的语言能力不仅仅是能够说出一个句子，还需要了解这个句子背后的文化内涵和情境。

文化导入原则要求在英语教学中加入文化元素，使文化元素成为英语学习的核心部分之一。例如，在阅读理解课程中，教师引导学生分析文章中的文化参照，可使学生更好地理解文章的背景和内容。在听力和口语课程中，通过视听和讨论与目标文化相关的电影、音乐和新闻，学生可以更深入地了解语言环境和文化背景。在教材选择方面，教师应选择真实的、与文化背景相关的材料。

三、高校英语教学的理论基础

高校英语教学主要包括以下六个理论基础，如图 1-1 所示。

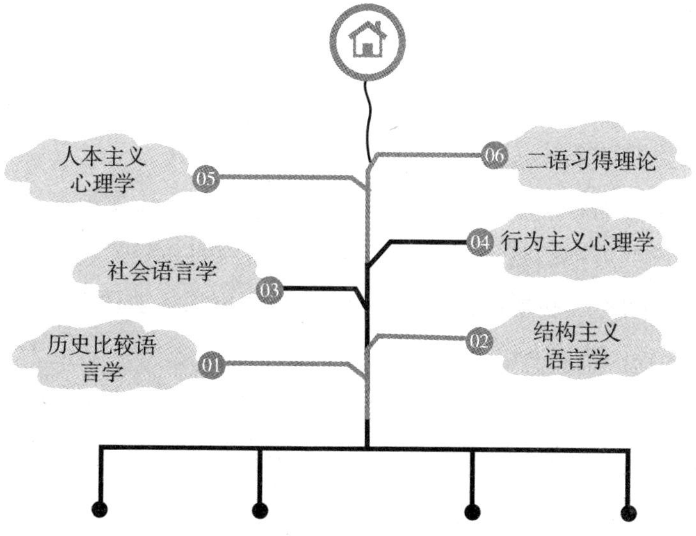

图 1-1 高校英语教学的理论基础

（一）历史比较语言学

历史比较语言学是研究语言变迁和发展的关键理论，旨在揭示两种或更多语言在特定时间点的相似性和差异性，或者跟踪单一语言在不同历史阶段的变化。这种比较涉及语音、词汇或语法。人们在探索不同语言之间的结构相似性时，会发现这些语言之间的亲缘关系，推断出相似语言的共同祖先。

该理论不仅可以帮助人们理解语言之间的相互联系和语言的起源，还可以突出单个语言的独特性质。这对于语言教学非常宝贵，因为该理论提供了更深入的思考，可以帮助教育者和学习者更有效地传递和接受知识。这一理论在 18 世纪的欧洲取得了初步发展，并在 19 世纪的印欧语言研究中得到了广泛应用。历史比较语言学的研究为今天的语言学研究奠定了坚实的基础，使人们对语言的演变和相互关系有了更深入的理解。

（二）结构主义语言学

结构主义语言学将语言视为一个完整的、自给自足的体系。这种看法突破了传统的语言观念，将焦点从单一的语言单位转向了整个符号体系。结构主义语言学关注的不仅仅是词或句子的意义，而是词或句子在整个语言系统中的位置以及与其他单元的关系，强调了各语言元素之间的关联性，并试图从共时的角度来描述这些关系。

结构主义语言学不仅明确了语言的符号性质，还为现代语言学研究提供了明确的方向。这一理论强调对语言结构的共时描述和分析，旨在揭示语言结构特点和规律，最终目标是使人们更深入地理解语言的本质。结构主义理论对整个语言学领域的影响是如此之大，以至于二十世纪二三十年代，出现了结构主义的三大学派：哥本哈根学派、布拉格学派和美国描写语言学派。这一理论还促进了其他学派的发展，如伦敦学派、莫斯科学派等。

结构主义语言学还为现代语言学研究提供了坚实的方法论基础。这一理论为研究者提供了一个新的角度，研究者从中可以观察语言的多种对立关系：语言与言语、共时与历时、内部与外部。这不仅有助于人们理解语言的各个层面，还揭示了语言单位之间的两种基本关系：对立与互补、组合与聚合。这些基本关系为研究者提供了一个框架，并帮助研究者更系统地探索语言的本质。语言学家借助结构主义理论可以更全面和系统地研究语言。该理论鼓励研究者透过表面现象，深入探索语言结构的底层规律。结构主义理论也为语言学研究带来了一种新的维度，使得研究者可以从更多角度分析和理解语言。

（三）社会语言学

语言和社会之间的关系是密不可分的。语言不仅是人类交际的工具，还是社会存在和发展的必要条件。语言不能脱离社会环境而单独存在，同样，缺少语言，人类社会的运作也会受到严重阻碍。尽管人类具备语言的生理本能，但这种本能并不是孤立的。事实上，如果一个人在没有社交互动的情况下长大，其语言能力很可能无法正常发展，这显示了社会环境在语言习得中的关键作用。

社会语言学是探索语言与社会之间相互关系和互动情况的理论。社会语言学融合了语言学和社会学的理论和方法，从不同的角度探索语言的社会特性和差异。这一理论特别强调语言的社会交际功能，交际能力不仅仅体现在语法的正确性方面，还体现在社交场合中使用语言的得体性等方面。这意味着，有效的交际不仅要求语法的正确性，还需要了解和遵循相关的社会文化规范。

（四）行为主义心理学

斯金纳（Skinner）的行为主义心理学为语言学习提供了新的理论观点。斯金纳在《言语行为》一书中提出了他对言语行为系统的看法。他认为，每一次的言语行为都是某种刺激的反应。这些刺激可以是语言本身，也可以是外部或内部环境的变化。例如，当一个人感到口渴时，可能会说“I would like a glass of water.”，这就是内部的口渴刺激引发的言语反应。在书中，他还提到，人的言语行为跟大多数其他行为一样，是一种操作性的行为，是通过各种强化手段获得的。在教学环境中，这种强化通常表现为对学生正确或错误反应的及时反馈。当回答得到了“好”或“正确”的反馈时，学生更有可能在未来重复这种行为。反之，如果得到了“不对”或“错了”的反馈，学生则可能会在未来避免再次犯同样的错误。这种及时的正面或负面反馈在学习过程中起到了关键的强化作用。

（五）人本主义心理学

人本主义心理学持有独特的理论观点，强调以人为核心，对个体进行整体性的考察。相较于行为主义心理学与精神分析学，人本主义心理学开创了一条与众不同的研究路径，被心理学界誉为“第三种势力”。人本主义心理学特别重视人的主观意识、选择和意愿，认为每个人都有其独特的价值。该理论的核心观点可以总结为以下几点。

第一，十分注重个体的价值，强调人的主观性和选择能力。该理论认为，每个人都是独特的，具有自己的思想和情感。这意味着，教育和学习不应该只是对知识的灌输，还应该尊重和培养学生的主观意识，增强学生的选择能力和意愿。

第二，认为学习是一个人自我实现的过程，是为了丰富和发展个性；学习不仅是为了获得知识，更是为了实现自我，成为更好的自己。这种观点与传统的学习理念形成了鲜明的对比，更加注重个体的成长和发展。

第三，认为学生是学习的中心，学生不仅是被动接受知识的对象，更是学习过程中的主体。因此，教育不应该是一种单向的传授，而应该是一种双向的交流和合作。学生应该得到尊重，因为学生有自己的思考和选择，也有能力教育自己。

第四，认为人际关系在学习过程中扮演着至关重要的角色，一个积极、友好和支持的学习环境可以极大地促进学生的学习。当学生感到自己被接受和被尊重时，更可能积极参与学习，更容易实现自我。

在语言学习方面，这种人本主义心理学的观点同样适用。语言学习不仅是为了掌握语言知识，更是为了实现交流和沟通。教师和学生之间的互动和交流是最有效的学习方式。情感因素在学习过程中起到了关键的作用，教师需要以学生为中心，关注学生的情感和需求，确保学习过程是充满乐趣和有意义的。

（六）二语习得理论

二语习得理论主要包括五个假设：习得 / 学习假设、自然顺序假设、监控假设、情感过滤假设和输入假设。

1. 习得 / 学习假设

习得和学习是两种截然不同的语言习得途径，二者各具特点。习得像是孩子在生活中，通过与他人的交往和沟通，逐渐吸收、领悟并掌握母语的过程。这一过程往往不受外界约束，更不受语言规则学习的约束。习得发生在日常的交流和互动中，学习者可能并不清楚自己正在习得语言，因为这一过程是随着时间的推移，在不知不觉中完成的。相反，学习则是通过明确的指导、教学和研究，学习语言的具体规则和结构，是有意识、有目的地获得语言知识。

习得和学习是两种完全不同的过程，即使在大脑中，这两种知识也分别存储在不同的部位。习得是无意识的、情境中的语言吸收，而学习则是通过明确的教学和指导有意识获得的知识。尽管学习可以帮助人们更好地理解语言规则，但无法完全转化为真正的语言能力。换句话说，掌握了语言规则并不意味着能够熟练地使用这种语言。

2. 自然顺序假设

这一假设探讨了第二语言学习的顺序性。与第一语言学习的过程类似，第二语言学习也遵循一定的顺序和规律，但值得注意的是，这种顺序并不完全受语言规则的简单与复杂的影响。也就是说，一个简单的语言规则，并不意味着会被学习者最快掌握。例如，英语中的第三人称单数在一般现在时中的“s”或“es”的使用规则，尽管看似简单，但很多高水平的第二语言学习者在实际交流中仍然会出现错误。这种现象表明，即使在教学环境中，第二语言学习也遵循某种自然的、难以预测的顺序。

3. 监控假设

监控假设展现了“习得”与“学习”之间的内在联系。这一假设提出，真正的语言能力来源于语言习得系统，也就是那些在潜意识层面形成的语言知识。与此相对照，语言学习系统，即那些有意识的语言知识，在语言使用中主要扮演监控和编辑的角色。这种监控作用可能在语言输出之前体现，也可能在语言输出之后体现。

为了让监控假设有效发挥作用，学习者需要满足三个条件：拥有足够的时间、专注于语言形式的正确性，以及知道如何应用相应的规则。

4. 情感过滤假设

所谓的“情感过滤”是一种内在的处理机制，会在潜意识层面阻止学习者对语言完全吸收。这种机制受到诸如焦虑、恐惧和缺乏自信等情感因素的影响，从而成为一道屏障，挡住学习者在学习中所获得的信息。为了更好地掌握第二语言，学习者需要建立积极的学习心态，并努力克服这些情感障碍。

5. 输入假设

输入假设关注学习者如何从接触到的语言材料中习得语言。这一假设提出，学习者只有接触到比自身现有的语言技能水平稍高的，并且是能理解的语言输入时，才有可能进行语言习得。这一理论的公式为：$i+1$（i 表示学习者现有的语言技能水平，1 表示略高于学习者现有水平的语言材料）。

四、高校英语教学常用的教学方法

（一）语法翻译法

语法翻译法作为一种历史悠久的外语教学方法，主张对语法规则和词汇精研学习。该方法的核心在于从母语出发，强调书面语言的重要性，并以语法分析为主要的教学方式。语法翻译法的目标明确，即为学生构建一个完善的、正确的语法知识结构，使学生在阅读和书面表达上达到高度熟练。

1. 语法翻译法的优点

语法翻译法注重准确性，强调对原文的忠实度，并确保翻译内容具备真实性。在此方法的指导下，学生不仅要进行高难度的翻译，而且所翻译的内容多源于外国文献，这无疑增强了学习的真实性。这种方法在教学中给予了语言输入非常大的比重，涵盖了多种不同的语言形式，包括书面语和口语，使得学生能够接触到各种复杂的句型，如复合句，这种频繁的接触为学生日后灵活运用复杂句子打下了基础。通过语法翻译法，学生可以接触到真实、生动的语言材料，这对于学生提高阅读理解和写作能力大有裨益。

语法翻译法的普及与其简洁、明了的特性分不开。对于复杂的语法知识点，语法翻译法能为学生提供直观且容易理解的解释。当采用这种方法时，学生在学习过程中会更加主动，并且能够更系统地整理和掌握知识。在该方法下，学生能够清晰地认识到两种语言在结构上的异同，了解在传递相同信息时，不同语言所采取的不同策略和步骤。教师在明确教学目标后，就可以通过这种方法提升学生的英语水平，还能及时发现学生在学习中遇到的问题和困难。对于某些抽象的语法知识，如介词和时态等，若仅用英语来解释可能会增加学生的认知负担，这时，用语法翻译法便能简洁明了地解释这些问题，帮助学生重视基础语言知识的学习。

语法翻译法强调在英语教学中采用母语，即汉语，来解释和讲授英语知识点。教师只需具备良好的英语基础，就可以利用汉语进行教学，有效确保了教学内容的质量，还提高了教学效率。此外，由于中国的班级规模普遍较大，学生人数众多，使用语法翻译法在实际操作上更具优势。汉语作为解释工具能够确保学生对教学内容的理解，特别是对那些英语基础相对薄弱的学生而言。使用这个方法，可以让学生在学习过程中获得良好的体验，达到教学效果的均衡性和全面性。

2. 语法翻译法的教学模式及教学技巧

基于语法翻译法的语言教学模式可以简洁地描述为：阅读—分析—翻译—讲解—背诵。课堂的标准流程包括初步阅读课文，教师针对课文内容和特定句型深入展开语法分析，进而逐句翻译并加以讲解，最后，要求学生背诵相关的文章段落，并深入记忆相关词汇和语法规则。这样的讲解过程关注句子结构、复杂的语法特征以及两种语言间的对应翻译。这五个步骤在课堂中会持续进行并重复，从而确保语法和翻译的教学都得到有效实践。

在应用语法翻译法时，需要注意以下几个关键点。

（1）在选择阅读材料时，应优先考虑来自文学作品或在语法结构和词汇上严格规范的文章。

（2）当翻译文学作品时，文中应涵盖具体的语法规则，这有助于学生在实践中的理解和掌握。

（3）进行母语和目标语言的对比时，可以借助反义词或同义词，来揭示两种语言在结构上的相似之处。

（4）演绎法的运用在语法学习上特别有效，能够从总体到具体，帮助学生理清语法结构。

（5）对于词汇和语法规则，用双语列表的形式能更好地帮助学生记忆。

（6）书面练习，如填空、使用新词进行造句或文章写作，能够进一步提升学生的语法技能和词汇应用能力。

3. 对语法翻译法的修正

语法翻译法自提出以来，就成为外语教学领域中的一个标志性方法。这种方法与时俱进，经历了自我修正和完善的过程，以满足语言教学发展的新需求。人们的认知发生了转变，开始更加深入地理解和欣赏这种方法。语言学家在一系列关键观点上达成了共识，这些观点深化了人们对语法翻译法的理解。

第一，语法能力被视为语言交际能力的重要组成部分。语法能力是语言学习的基石，与交际能力的培养并不矛盾。在英语学习中，理解和运用正确的语法规则对于有效的沟通至关重要。

第二，语法的正确使用是在特定语境下进行有效沟通的关键，而语法翻译法强调的是这些规则的实际应用，并关注规则应用的实际环境。这种方法不同于过去仅仅强调背诵语法规则的方式，更加重视语法规则在语境中的应用。

第三，通过语法翻译法，学习者可以深入了解信息并提高自身英语水平。一旦掌握了相关的语法规则，学习者就能够分析和理解不熟悉的语言现象，在短时间内提高阅读能力，并更加准确地获取书面信息。

近年来，语法翻译法已经经历了明显的变革。语法翻译法旨在培养学习者的“语法意识”，以提高学习者使用语法规则的能力，最终达到实际的语言交流目的。现代的教学方法更注重两种语言之间的互译，同时强调学习者要具备在特定语境中正确且适当地运用语法规则的能力。因此，现在的语法翻译法不是单纯地围绕语法规则展开，而是更加重视语言的实际应用，使学生真正掌握目标语言。

语法翻译法之所以如此持久并在现代依然有着强大的生命力，是因为其特点与英语学习的客观规律相吻合。该方法与时俱进，进行了必要的修正和完善，使自身更加适应当下的教学环境。这就不难理解为什么在如今的英语课堂上，语法翻译法仍然是一个不可或缺的部分，占据重要的位置。

（二）交际法

1. 交际法的内涵

交际法，也被称为功能－意念法或语意－意念法，是一种综合培养学生的语言技能和交际技巧的教学策略。这种方法的理论基础主要源于社会语言学、心理语言学以及乔姆斯基（Chomsky）的转换生成语法。交际法在语言教学中的显著特点是，强调对学生的语言交际能力的培养。这种方法成功地避免了传统教学方法中过于注重语言形式而忽视内容、偏重语言系统学习而忽视语言实际应用的问题，真正强调了语言的交际功能。

实际上，掌握一种语言的最终目标是有效地进行交际，即使用语言来分享、交流信息，表达个人的情感和观点。交际法的另一个核心理念是，强调语言使用的适当性。这意味着学习语言不只要掌握语言的基本规则，还要学会在不同的情境中适当地使用语言。简而言之，语言学习既要涵盖语言的基本规则，如语音、语法和词汇，还要包括语用规则以及各种与文化相关的词汇知识。真正掌握了一种语言就应当能够在实际交际中恰当地使用该语言，这种教学理念反映了现代社会对英语教学的期望和要求。交际法起源于20世纪70年代的欧洲，交际法的出现和流行从一个侧面展现了随着社会、经济、技术和文化的进步，以及国际交往的增多，社会对于具备交际能力的外语人才的迫切需求。

2. 交际活动的设计

交际能力的提高对于学习者至关重要，因为提高交际能力涉及在真实情境中有效地使用语言，在课堂环境中，为培养这一能力而设计的交际活动尤为关键。主要的交际活动可以划分为两大类别：一是功能交际活动，关注日常生活中常见的实际语境，如请求、建议或道歉；二是社会交往活动，强调在不同的社交场合中与他人互动和交流。这两种交际活动都有很强的实际操作性，可以吸引学习者积极参与，并鼓励学习者使用目标语言来达到交际目的。

设计交际活动时需要考虑以下几点。

（1）培养学习者的功能交际活动能力。功能交际活动重点在于使学习者能够在特定的实际语境中，如请求、建议、道歉等情境中，有效使用目标语言。要实现这一目标，猜词活动和描述活动是两种经典且高效的方法。

猜词活动是一种互动的游戏方式，通过这一方式，学习者可以锻炼词汇、语法和逻辑推理能力。在课堂上的这种活动中，学生必须使用目标语言来描述一个词，而其他学生则需要猜出这个词。可以选择与课程内容相关的词，或者是学生可能不太熟悉但是在实际生活中经常会用到的词。一名学生描述该词但不能直接说出该词，其他学生需要根据描述来猜测，在猜测结束后，教师提供正确答案，并对学生的描述方法和语言表达进行反馈和指导。

描述活动要求学习者详细描述某一事物、场景或事件，选择一个具体的主题或情境，如描述自己最喜欢的电影、历史事件或者是去过的一个地方。在课堂上，学生需要组织思路，考虑如何有逻辑地进行描述。一名学生使用目标语言进行描述，并与其他学生分享，在描述结束后，教师可以对该学生的描述内容和语言表达进行反馈和指导，帮助学生更好地完善自己的描述能力。这不仅锻炼了学生的词汇和语法运用能力，还提高了学生的表达能力和逻辑组织能力。

（2）培养学习者的社会交往活动能力。为了使学习者理解和掌握语言的社交功能，教育者可以设计各种真实的社交情景模拟活动，如模拟派对、模拟商务会议，或是模拟日常购物情景。在这些模拟的场景中，学习者可以扮演不同的角色，如客人、主人、销售员或经理等，实践如何在不同的情景中选择恰当的语言形式、语调和礼貌用语。角色扮演可以使学习者置身于真实的情景中，体验并实践社交技能，更好地理解和掌握社交礼仪。

社会交往活动能力不仅仅是对于语言的运用，更多的是对于文化背景知识的理解和掌握。教育者需要将目标语言的文化背景知识融入教学过程中，这可以通过介绍与目标语言相关的历史、文化、习俗和社交礼仪等方式来实现。学习者对目标语言的文化背景有了深入的了解，在社会交往中才能更加自如地运用目标语言，避免文化误解和冲突，增强社交效果。

社会交往活动能力提升是一个持续和迭代的过程，学习者需要不断实践和反馈。教育者可以组织各种外部实践活动，如参观、交流会、国际文化节等，让学习者有机会在真实的环境中与英语母语者交流。在这些实践中，学习者可以应用所学的语言知识和社交技能，也可以从中得到宝贵的经验和反馈。教育者也需要定期为学习者提供反馈，指出学习者在社交中的优点和不足，帮助学习者不断完善自己的社会交往活动能力。

（三）模块教学法

1. 模块教学的概念

“模块”这个词最初与建筑施工有关，代表着标准的砌块，如同具有统一尺寸的砖块。这个概念被引入计算机领域时，它的含义扩展到了“组件”，指一个完整程序的各个独立且可拆分的部分。后来，“模块”与教学相结合，它指向了由多个不同但互相联系的功能部件组成的教学过程，这样的过程是动态的。

“模块化的”或“模块的”揭示了程序或教学内容是如何由各种独立但相互关联的部分组成的。在教学环境中，“模块”更多代表着知识的不同“功能部件”，这种视角强调了知识内容之间既独立又互相关联的内在关系。事实上，这种模块化的方法为教育者提供了一个结构化的路径，使教育者可以有目的、有内容、有步骤、有组织地进行教学。

2. 模块教学的特征

（1）模块教学中主导思想的相对独立性和整合性。独立性在于每一个模块都是为了让学习者深入理解某一个特定的知识领域或技能而设计的。独立性使得每一个知识点都能得到充分的关注和探索，让学习者能够专注地、深入地挖掘每一个学习单元的内涵。比如，在学习一个复杂的课题时，将其拆分为多个模块可以让学习者更清晰地掌握每一个部分的核心思想。

单纯的独立性可能导致学习者认为不同模块之间缺乏联系，从而无法形成完整的知识体系，这正是整合性发挥作用的地方。整合性要求每一个模块不仅要有独特性，而且必须与其他模块建立某种形式的联系，使学习者能够看到不同模块之间的关系，从而建立一个连贯、完整的知识网络。例如，当学习者在一个模块中掌握了某一个概念后，接下来的模块可以进一步应用这一概念，展示这一概念在不同情境下的运用，帮助学习者加深对这一概念的理解。

（2）模块教学中模块的可选择性。在广泛的学习领域内，不同的学习者可能对某些知识或技能有特定的需求或兴趣。为学习者提供一系列可以选择的模块，允许学习者依据自己的需求、能力或兴趣来选择适合的模块，可以实现更有针对性的学习。例如，在英语课程中，有些学习者可能对口语更感兴趣，而另一些学习者则可能对阅读更为关注。模块可选择性能确保每一位学习者都能找到与自身兴趣或需要相符的学习内容。学习者能够基于自己的意愿选择学习内容，才更可能对学习过程产生积极的态度，因为他知道自己正在追求与自身目标或兴趣相一致的知识。这种积极的态度不仅可以促使学习者产生学习动机，还能够提高学习者的学习效率和质量。

模块的可选择性还为不断更新和调整课程内容提供了便利。随着知识领域的发展，新的知识和技能不断出现，模块化的结构允许教育者灵活地添加新模块或更新现有模块，确保课程内容始终与时俱进。

3. 模块教学与传统教学的对比分析

模块教学在教学目的、教学内容、教学方式以及教学组织的安排方面都与传统教学有着很大的不同，本书将其进行了归纳总结，如表 1-1 所示。

表 1-1　模块教学与传统教学的对比

要素	模块教学	传统教学
教学目的	在独立解决问题的基础上掌握新任务	掌握和再现知识以及解决类似的问题
教学内容	掌握任务的原理、规律和共同的活动方式	掌握经验的总结和活动的个别方式
教学方式	寻找知识活动的组织	再现知识活动的组织
教学组织的安排	学生的个人活动和集体活动相结合，在研究新知识的阶段独立学习占优势	共同学习，巩固知识

4. 英语模块课程的设计路径

英语模块课程设计采用了创新的方式来调整课程内容，为学生提供了连贯的、有系统的、有层次的学习体验。这种设计考虑了人的认知发展规律，并将这些规律应用于课程的结构和内容上，确保学生能够有效吸收和掌握知识。

（1）时序化。时序化强调课程模块之间的有序安排。这意味着在学习过程中，每一个模块都在之前模块的基础上建立，这种逐步的、层次性的方法遵循人类的认知发展规律，确保学生能够在完成一个模块后，拥有足够的知识和技能挑战更高层次的模块。时序化有助于学生逐步建立和巩固知识，而不会使学生感到困惑。例如，如果学生先学习了基础的词汇和语法，那么在后续的模块中，将能够更好地掌握复杂的句型和表达。

（2）串接化。串接化重视模块之间的内在连贯性，这不仅仅是为了使学习内容有逻辑性，更重要的是为了使学习过程具有意义。通过这种方式，学生能够看到不同模块之间的关联性，这使得学生对整体知识体系有更深入的理解。例如，在掌握了基础的听力技巧后，学生可能会在后续模块中学习如何使用这些技巧来解析日常对话或新闻报道。

（3）平行化。平行化是关于多个模块的并行学习，目的是拓宽学生的知识面，为学生提供更多的学习机会和视角。通过同时学习不同的模块，学生可以实现全面的、多角度的了解，这对于语言学习尤为重要。因为语言不仅包括词汇和语法，还涉及文化背景知识和实际应用。平行化为学生提供了一个平台，让学生能够在同一时间探索语言不同的方面。

第二节　跨文化交际的内涵和模式

一、文化

（一）词典中的定义

《辞海》中文化的定义：从广义上来说，指人类在社会实践过程中所获得的物质、精神的生产能力和创造的物质、精神财富的总和；从狭义上来说，指精神生产能力和精神产品。

《牛津简明英语词典》中文化的定义：艺术或其他人类共同的智慧结晶。这一定义主要从智力产物角度阐释文化内涵，即所谓的高层次文化，如文学、艺术、政治等。

《美国传统词典》中文化的定义：人类文化是通过社会传导的行为方式、艺术、信仰、风俗以及人类工作和思想的所有其他产物的整体。这一定义涵盖的范围较为宽泛，既包括高层次文化，又涵盖低层次文化，如风俗、传统、行为、习惯等。

（二）克罗伯（Kroeber）与克拉克洪（Kluckhohn）的定义

克罗伯与克拉克洪在他们的著作《文化：概念和定义的批评考察》中不但总结了角度各异、内容或抽象或具体的文化定义，而且提出了自己的文化定义：文化由外显和内隐的行为模式构成；这种行为模式通过象征符号而获得和传播；文化代表了人类群体的显著成就，包括在人造器物中的体现；文化的核心部分是传统观念，尤其是文化所带来的价值观念；文化体系一方面可以看作活动的产物，另一方面则是进一步活动的决定性因素。

文化的定义难以尽数，文化既包括人类所创造的物质和非物质的成果，又深入个体的信仰、价值观和生活方式等层面，关乎个体和社会的知识、经验、宗教、态度以及对世界和时间的观念。这样的宽泛性和深度使得文化对外语教学有着重要的影响。因为在教授一种语言时，不仅仅要传授词汇和语法，还要介绍与该语言相对应的文化背景和社会环境。文化元素不应该被孤立对待，而应当融入语言教学的每一个环节中。这种教学方法不仅可以增强学生的语言实际应用能力，还能为学生提供跨文化交际的知识，使学生更为全面地理解和掌握所学的语言。

二、交际

交际是人类相互联系的基础。关于交际，存在不同的解释。

《现代汉语词典》中交际的解释是“人与人之间往来接触”。

《牛津高阶英汉双解词典》中则将“communication”一词解释为“Communication is the activity or process of expressing ideas and feelings or of giving people information.”。也就是说，交际是不同的人之间传递信息或表达想法、感受的活动过程，能够用来维持关系，交流感情。

交际的过程主要包括以下十个要素。

（一）信息源

信息源通常代表了希望与他人交流的具体人物，这样的人有着强烈的交际需求和愿望。这样的需求基于个体对于自身存在的认可，对于自己思想的共享愿望或是为了改变他人的态度和行为。与此同时，愿望体现了个体希望与他人分享自己的内心世界。交际通常涉及多个人，所以在交际环境中经常有多个信息源共同发挥作用。

（二）编码

在交际中，人们不能直接传递思想或观念，需要将某种符号作为媒介，这需要一个转化过程，将思维和观点转变为符号形式。这个转化过程称为编码。编码是一种复杂的心理活动，它依赖于社会、文化和各种交往规则，以及语言的词法、句法等规则，从而选择、组合并创造信息。对于相同的思想，由于文化的差异，不同的人可能使用不同的符号来表示，这些表达可以采用言语或非言语形式。

（三）信息

编码的产物就是信息。编码体现了一个过程，而信息代表了这个过程的结果。信息反映了信息源内部的思考，以及信息源试图与他人分享的感受，是交际中个体在某个特定时间点的具体心态的展现。这种展现可以通过语言符号，也可以通过非语言符号，包括词汇、语法、思维，甚至包括外观、动作、声音和某些与个性相关的方面。每条信息都具有独特性，即便是同样的信息，接收的方式等也可能有所不同。

（四）渠道

渠道是信息从源头传递到目标接收者的途径，它构成了信息传播的桥梁，确保信息从一个地方传递到另一个地方。在现代社会中，渠道的形式多种多样。例如，传统书面的传递方法，如书信、期刊、报纸和告示都属于渠道的一种形式。随着技术的进步，电子通信也成了流行的渠道，如电话等。从更广义上来说，能够传递声波或光波的媒介，如广播、录音和图片，也被视为渠道。例如，在实际的面对面交流中，声波和光波的传递起到了关键作用，某些物件，如书信中的信纸和墨水也可以作为渠道，帮助信息传递。除了这些常见的渠道，人类还通过味道、触感等更微妙的方式来交流。

（五）干扰

干扰是影响信息传递效率和准确性的因素。干扰可以分为多个类型，主要包括外部干扰、内部干扰和语意干扰。

外部干扰来自环境，通常是一些意外的声音、图像或其他外部刺激。例如，当人们与朋友在户外交谈时，如果有直升机从上方飞过，飞机发出的噪声可能会阻碍交流，使人无法听清对方的话。这种情况下的噪声就是典型的外部干扰。

内部干扰与个体的思维和感受相关。如果一个人的注意力被其他事物分散，这个人可能无法完全专注于信息的交流。例如，一名学生在上课时饿了，可能会不断想象午餐，而忽略了教师的讲解，这种分心造成的效果就是内部干扰。个体的信仰、观点或偏见有时也可能成为交际过程中的内部干扰，导致个体不能客观地接受或理解某些信息。

语意干扰涉及信息的复杂性，当一条信息或一个词语有多种可能的意义时，接收者可能会感到困惑。例如，某些英语单词在不同的上下文中有不同的含义，如果不清楚具体的语境，接收者可能会产生误解。

（六）信息接收者

信息接收者是注意到并接收信息的个体。信息接收者可能是特定的目标群体，被信息源特意选中，如一位特定的听众或读者，也可能是无意中遇到这些信息的人。在信息传递过程中，角色是动态和多变的，个体可能同时扮演信息源和信息接收者的角色，随着交流的进行在这两者之间切换。

（七）解码

解码是信息接收者对已接收信息的解读，这是一个对符号或信号进行解释的过程，并从中获得意义。在这个过程中，信息接收者的背景知识、经验和文化都会对解码产生影响，导致信息接收者对同一消息有不同的理解。

（八）信息接收者的反应

信息接收者对解码后的信息产生的行为响应多种多样。有时，信息接收者可能对信息毫不在乎，视而不见，听而不闻，但在其他情况下，信息接收者可能按照信息源的期望采取行动，或者做出信息源不期望的反应。

（九）反馈

反馈是交流过程中的一个核心环节，涉及信息接收者对信息的响应，并为信息源所注意和解读。例如，读者在读完一本书后可能有各种各样的反应，只有当读者与作者交流，如参加讨论、填写调查表或直接与作者联系时，这种响应才真正成为反馈。反馈的重要性在于，它为信息源提供了传达信息的有效性的直接证据，从而使信息源能够调整和完善传播策略。在面对面的对话中，由于双方都在场，所以有更多的机会获得即时反馈。

（十）语境

语境是信息交流的背景和环境，为交流提供了背景和框架。交流的语境可以是物理环境，如会议室或公园，也可以是社会环境，如商务会议或轻松的聚会。语境还可以是人际的，有关与会者之间的关系。了解交际的语境对于解读信息至关重要，因为语境为信息提供了背景和参考，使信息接收者能够更加深入地理解和评估信息。例如，了解信息交流的具体场所和环境，可以帮助信息接收者预测和理解其中可能出现的各种交际模式。

三、跨文化交际的内涵

跨文化交际是指具有不同文化背景的人从事交际的过程。这种交际不仅包括来自不同文化圈的人，甚至在同一个文化圈内部，由于文化差异，也可能产生跨文化交际的情境。例如，东西方之间或者城乡之间都可能存在差异，在交际中需要采取特定的策略和方法。当交际双方使用同一种语言进行交际时，可能涉及其中一方使用的是母语，而另一方使用的是第二语言。这增加了理解和被理解的难度，因为语言不仅仅是单纯的词汇和语法，背后还包含了丰富的文化和历史背景。

跨文化交际的形式是多种多样的，有些是基于语言符号的，如对话和写作；有些则是基于非语言符号的，如音乐、舞蹈和视觉艺术。这种交际可能是单向的，如通过电视或广播，也可能是双向的，需要交际双方进行实时互动。无论是口头还是书面，每种方式都有特点。

跨文化交际对现代社会的影响是深远的，它打破了文化和地理的界限，使得不同的国家和民族能够更加紧密地交流和合作，促进了文化的交流和融合，也为经济、科技和艺术等领域的合作创造了条件。跨文化交际为人类文明的进步做出了巨大贡献，推动着世界发展进程，让世界变得越来越小，人们更紧密地联系在一起。

四、跨文化交际的模式

（一）关世杰的跨文化交际模式

关世杰在《跨文化交流学——提高涉外交流能力的学问》中提出了跨文化交际模式，如图 1–2 所示。

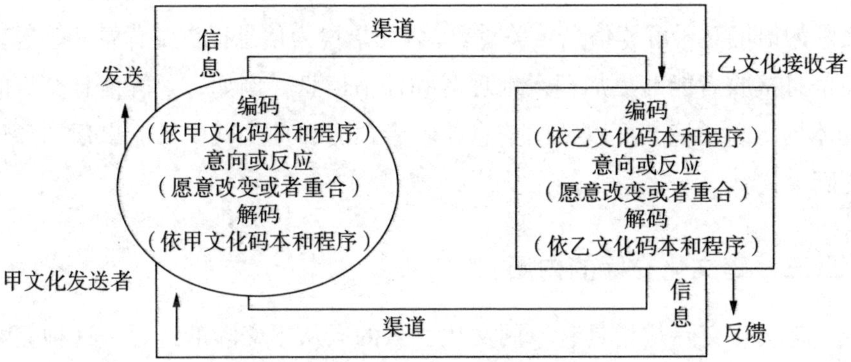

图 1–2　关世杰的跨文化交际模式

跨文化交际被描述为一个动态、循环的过程，在其中，信息的发送者和接收者经常交换角色。图 1–2 使这种互动性和循环性得到了直观展现，关世杰的跨文化交际模式很好地捕捉到了这一现象，尤其是不同的文化如何影响整个交际过程。这一模式所采取的视角来源于传播学，因此，其重点主要集中在交际的流程上，而对于跨文化交际中的其他关键元素以及最终结果，这一模式似乎没有详细探讨。

（二）多德（Dodd）的跨文化交际模型

多德在他的跨文化交际模型中从文化学者的角度分析了跨文化交际的过程。他引入了“感知文化差异”的概念，认为当交际者真正了解并适应了这些文化差异时，就能够降低交际过程中的不确定性和紧张感，相反，当交际者存在固执和文化偏见，即那些消极的刻板印象时，交际过程很可能会受到阻碍。[①]

他在跨文化交际模型中，对感知文化差异（PCD）的概念进行了拓展和深化，认为造成交际者之间差异的因素不仅仅是文化，实际上，文化是众多可能影响交际的因素之一，更为核心的是，通过对 PCD 的深入了解和实践，交际者可以更有效地在多元文化的背景下进行沟通。模型中引入了“C 文化”这一新的概念，这种所谓的第三种文化，旨在为交际双方提供一个共同的交流基础。它不是简单地融合两种文化，而是为双方创造一个共同的、中立的沟通空间，以实现真正意义上的跨文化交际。

多德的这一模型强调了交际者在跨文化交际过程中的重要责任。交际者不仅需要避免对其他文化的价值判断，还需要积极地消除文化偏见，为双方的交流创造一个公平、平等的环境。这要求交际者对文化差异性有深入的了解，并在此基础上构建一种新的、双方都熟悉的文化交际方式。这种方式即上述的“C 文化”。这体现了真正的跨文化交际所追求的目标，即在理解和尊重差异的基础上实现有效沟通。

---

① Dodd C H. 跨文化交际动力：第五版 [M]. 上海：上海外语教育出版社，2006：5.

多德的跨文化交际模型如图 1–3 所示。

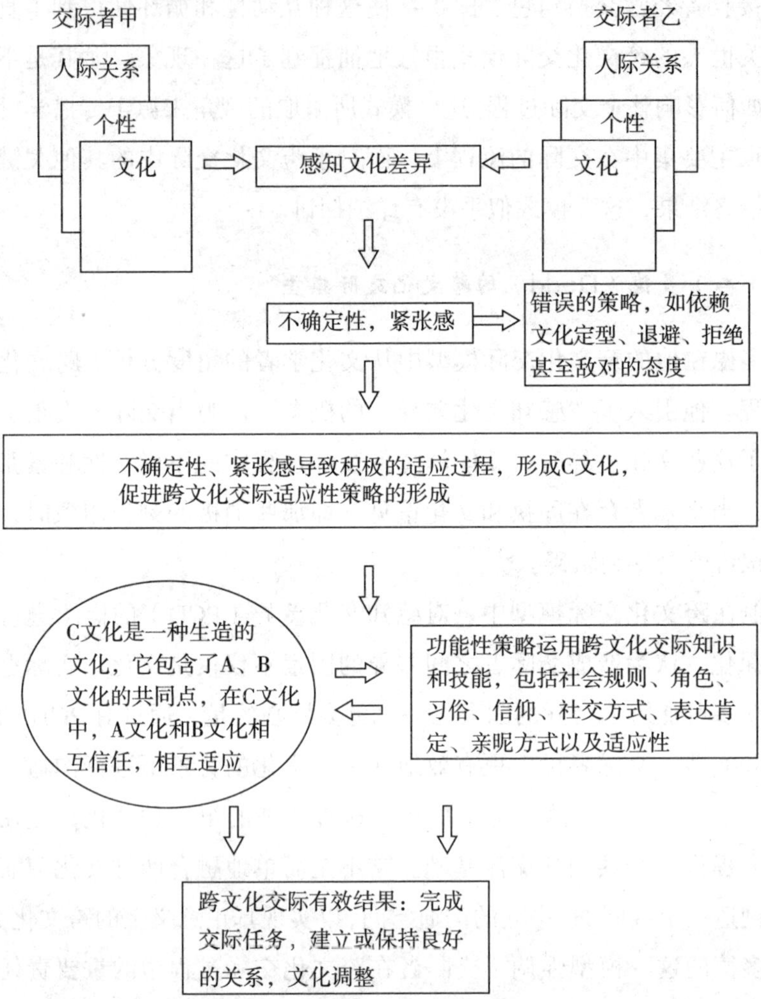

图 1–3　多德的跨文化交际模型

多德的跨文化交际模型向人们揭示了一个重要的事实：文化虽然是交际中的主要影响因素，但并非差异的唯一来源。人与人之间的互动和人们的性格特点也都会对交际产生影响。事实上，这些差异可能会使人们更加感知文化差异，从而使交际过程变得充满挑战。跨文化交际是一个复杂的现象，其中既有文化的共性也有文化的差异性，这种差异性不仅存在于各个文化体系之间，还可能存在于同一文化体系的不同个体之间。因此，过度地依赖文化定型或采用排斥、敌对的交际策略，都可能导致交际失败。这些策略无法建立真正的交际桥梁，只会增加交际双方的隔阂。相反，有效的跨文化交际策略应该基于对差异性的认知和尊重，以及对交际者个体性的考虑。在这种情境下，C 文化就呈现出它的重要性，这是一种尝试在交际双方之间建立的共同文化基础，一个既不偏向 A 文化也不偏向 B 文化的交际平台。C 文化为交际双方提供了一个共同的参考框架，使双方能够更好地理解彼此，并在此基础上进行有效沟通。C 文化的建立并不是一个简单的过程，它要求交际双方都有一定的文化敏感性，能够理解和尊重彼此的差异，并在此基础上寻找共同点。当这些共同点被确定和强化时，A、B 文化就可以成为 C 文化的基石。随着时间的推移，这种文化将越来越丰富，为更多的 A、B 文化交际者提供共同的交际平台。

跨文化交际是一个既充满挑战又充满机会的领域，要求交际者不仅要有对文化的理解和尊重，还要有对人的理解和尊重。在这一过程中，各种交际模型为交际者提供了宝贵的指导，每一个模型都为跨文化交际提供了一个独特的视角和方法，帮助人们更好地理解和实践跨文化交际。

第三节 跨文化交际理论综述

随着研究的不断深入，跨文化交际理论的发展突飞猛进，该理论涵盖的内容也更丰富。本节主要论述三种基本理论，如图 1–4 所示。

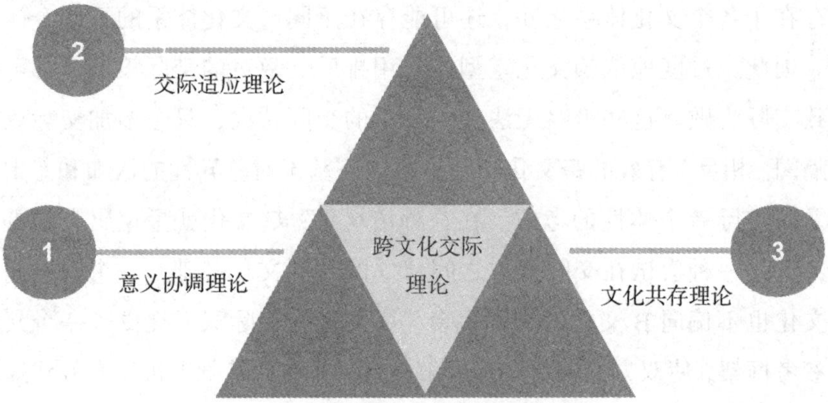

图 1-4　跨文化交际的基本理论

一、意义协调理论

意义协调理论为人们提供了一个交际中意义建构的综合视角。这个理论主要探讨了个体如何在交际过程中确立规则，创造和解释意义，如何在实际交谈中利用这些规则来协调意义。

（一）意义建构的元素

1. 内容

内容是交际中的基础元素，是人们初次感知到的原始数据。内容可能是某种行为、背景噪声、视觉的刺激或任何其他形式。内容就像是交际的原料，是将感知到的原始信息转化为具有意义的交际内容的首要步骤。

2. 言语行为

言语行为是基于内容所进行的实际交际行为，并不是简单的物体或声音，而是通过特定的交际逻辑和模式来表达意义。这些行为，如承诺、抱怨或断言，都是讲话者通过言语传达意图的方式。人们通过这些言语行为，向对方传递某种特定的信息，同时告诉对方这次交际应该如何继续。例如，“我爱你”这句话不仅仅是三个字，它同时是一个充满情感的言语行为。

3. 契约

契约为交际双方提供了一个共同的框架，规定了交际的边界和规则。在某种程度上，契约像是一个默契，定义了双方如何交流，什么话题可以讨论，什么话题是禁区。契约为人们提供了交际的指导方针，帮助人们更好地在交际中发挥作用。

4. 情节片段

情节片段进一步描述了交际的语境，为交际提供了背景。每一个情节片段都是一个完整的故事，有开始、发展和结尾。文化经常是情节片段的基础，因为当人们决定如何让情节片段发展时，决策往往基于文化背景和期望。情节片段是交际中的动态元素，根据不同的文化和背景，呈现出不同的特点。

5. 生活剧本

生活剧本更为宏观，是由多个情节片段组合而成的，构成了人们生活中的一个个场景。每个人都有自己独特的生活剧本，基于过去与现在的经验、感受和交际。这个剧本为人们提供了一个广阔的背景，帮助人们理解和解释交际中的情境和事件。

6. 文化模式

文化模式是整个交际过程中最为宏观的元素。它为人们提供了一个面向世界的总体视角，定义了人们如何看待世界的秩序和组织。文化模式揭示了个体如何在交际中与文化背景交互，以及如何解释意义。当来自不同文化背景的人们交际时，不同的文化模式可能会导致交际中的障碍和误解。

（二）意义协调理论的假设

意义协调理论更加关注交际、社会实在和意义，其假设主要包括以下几种。

1. 个人生活在交际之中

交际是人类生活中不可分割的一部分，每个人都是社交生物，持续地与他人互动。要更全面地理解人类行为，就需要在新的语境中重新审视和解读交际。人们需要认识到并承认交际的重要性。

从意义协调理论的角度来看，社会情境不是事先存在的，而是通过人与人之间的互动创造出来的。在这种交往中，参与者共同确定谈话的意义。

每个人都是独立的、有独特经验的个体，这些个体在社交系统中都起到了核心作用。人际交往系统既影响参与者，也受到参与者的影响。这种互动性意味着每一次交际都是独特的，因为每一个参与者都在塑造并且被塑造。

2. 人类共同创造社会实在

社会实在的概念强调了个体与他人在交际中的相互作用程度。交际不仅仅是信息的传递，更多的是意义的创造。

当两个人开始交谈时，双方都带着自己之前的交际经验。这些经验为双方的互动提供了背景和参考。随着谈话的深入，新的社会实在逐渐形成。这种新的社会实在是双方共同努力的结果，由双方的交际经验和目前的互动塑造而成。

3. 信息传递依赖个人意义和人际意义

意义协调理论特别强调了个人意义和人际意义在交际中的关键作用。

个人意义关注个体如何根据自己的经验和背景解读交际事件。由于每个人的经验和背景都是独特的，所以个人意义各不相同。这种意义对交际来说至关重要，因为能帮助参与者获取关于自己和他人的信息。

人际意义则发生在交际双方达成共识时。在复杂的人际关系中，达成这种共识可能需要时间和努力。一旦达成共识，这种意义就会成为互动的基石，帮助双方更好地理解彼此。

通过这三个假设，意义协调理论揭示了交际、社会实在和意义之间的深刻联系。这一理论不仅为学术研究提供了宝贵的视角，还为日常交际实践提供了实用的指导。

（三）意义协调理论的应用

意义协调理论深度探究了交际的核心，为人们理解交际提供了一个独特的视角。此理论并不局限于人与人之间的交流，还可以应用到多个领域。在现代研究中，无论是个体的自我认知、团体互动，还是更宏大的文化和组织交流，这一理论都有所体现，并成为不可或缺的工具。意义协调在交谈中是无处不在的，但要确切描述它是一个巨大的挑战。实际上，要真正理解意义协调的本质，观察人们在日常生活中的实际行为可能是最直接的方法。每一次人们交谈、互动，甚至是一个简单的点头或微笑，都是在进行意义的创造和协调。

当交谈的双方努力从对方的话语中提取意义时，双方都在参与这一协调过程。这一过程的结果可能有三种情况：一是两个人完全理解了对方的意思，达到了意义上的一致；二是双方没有达成共识，意义产生了偏差或误解；三是一种中间状态，双方可能在某些方面达成了共识，但在其他方面仍存在差异。在实际的交际中，完全一致的情况不常见，因为每个人的经验和背景都是独特的，完全的共识是难以达成的。

二、交际适应理论

交际适应理论深入探讨了在不同的社交场景中，如何调整自己的交际方式以适应他人。起初，此理论被称作言语适应理论，但随着研究的扩展，它开始包括非言语行为在内。

交际适应理论的核心理念是，人们在进行交谈时，可能会改变自己的说话方式、发音习惯，甚至是调整身体姿势来适应对方。在一般情况下，人们更倾向于与那些使用相似的语言、具有相似的动作乃至语速相匹配的人交谈，同样，人们期望其他交际者做出相同的反应。为何人们会去适应对方呢？原因有很多，有的人希望得到对方的认同，有的人希望沟通更加顺畅，还有的人希望维持积极的社会形象。

（一）交际适应理论的假设

交际适应理论主要包含以下几种假设。

1. 人们对他人的言语和行为的感知会影响其对整个交谈的评价

这部分主要关注于个体如何对交谈中所发生的事件进行感知和评价。感知是对信息的注意和解读，而评价则是对交谈的判断。人们可能会注意到另一个人的言语和行为，但并不总是会进行评价。

可以通过以下两个例子来理解。

（1）在公园晨跑时，你与一个人简单点头微笑作为打招呼，而后继续跑步，这时候，你没有停下来详细评估这位偶遇的人。

（2）在咖啡店与朋友聊天时，你得知朋友家中宠物不幸离世，这时候你就会进行更深入的评估，并改变自己的交际方式，来表达同情和关心。

2. 言语和行为中融入了个体的相似性及差异性

交往中的参与者所展现的相似性与差异性为交际适应理论提供了关键性的支撑。每个人都有自己独特的经验场景，这些场景会影响个体在交谈中的言语和行为，这种背景和经验的差异性决定了一个人是否倾向于适应其他人。在通常情况下，当个体的观点和信仰与他人相似时，其更有可能被吸引并进行适应。

3. 适应的结果可能因为适应的得体性以及适应过程中的规则差别而有所不同

适应是否得体会导致不同的交往结果，此外，交往中的规则也会影响到适应。规则是人们认为在交谈中应该采取或避免某种行为的预期，由于交际者背景存在差异，交际者对交往的期待也会有所不同。例如，在社会规范中，年轻者应尊重年长者，具体的情境也会引导特定的行为预期。

4. 语言和行为能够反映一个人社会地位和所属群体的信息

当两位交际者交谈时，双方所用的语言可以传达关于其社会地位和所属群体的信息。在双语环境中，或者在一个人可以说两种语言的环境中，主导群体和被主导群体相互交往时,第二语言的学习方向通常是单向的。这意味着，主导群体往往期望被主导群体适应主导群体的语言和文化。在跨文化背景中，“标准”“正确”和“高雅”的语言和行为往往与精英、上层或者是统治阶级及其背后的制度相吻合。因此，在交谈中人们所采用的语言和行为往往与那些有较高社会地位的人相一致。

（二）交际适应理论的内容

1. 第一部分：言语适应理论

交际适应理论的雏形是“言语适应理论”。这个理论主张在与其他人交往的过程中，说话者会采取特定的语言策略，或是为了博取对方的好感和赞同，或是为了展现自己的独特性。但随着时间的推移，这一理论的适用范围逐渐得到了扩展，所以后来被重新命名为“交际适应理论”。

2. 第二部分：适应倾向

交际适应理论的第二部分内容涉及交际者的“适应倾向”。这种倾向是指交际者是否把与外部群体的交往视为人际交往或群体交往，还是这两者的结合。这种适应倾向受到三方面因素的影响：一是初始的倾向，如感知到潜在的冲突或者具有强烈的意愿适应其他群体；二是内部的因素，如社会角色和个人身份；三是跨群体的因素，这是反映出交际者对外部群体倾向的元素，如可观察到的内部群体的活跃度。群体间的关系深深影响了交际者是选择人际交往还是群体交往。那些依赖自己群体，与群体成员关系紧密的人，更倾向于从群体的视角看待交往，并在交往中强调自己群体的语言标识。如果主流群体的成员觉得自身在社会上的地位受到了威胁，可能会对非主流群体成员的适应行为持消极态度。

3. 第三部分：现场情境

交际适应理论的第三部分是“现场情境”，它涵盖了五个方面，这五个方面之间存在密切的关联。一是社会语言策略，如近似语策略和语篇控制策略；二是社会心理状态，包括交际者当前的人际或群体交往的倾向；三是具体的行为和技巧，如语言、口音以及话题的选择；四是目标听众的关注点，包括交际动机、交谈需求和关系需求；五是标识与特性。

4. 第四部分：评价与未来意愿

交际适应理论的第四部分涉及“评价与未来意愿”。这一部分集中在交际过程中交际者对另一方行为的感受上。

交际适应理论是一个复杂而又细致的框架，它深入探讨了交际者如何在与他人交往的过程中进行自我调整。这种调整可能受到多种因素的影响，从交际者的初衷和目的，到社会角色和个人身份，再到语言策略和技巧，每一个因素都影响交际的过程和结果。了解这些因素，对于希望提高交际效果的人来说是非常重要的。

（三）交际适应理论的应用

交际适应理论揭示了一个有趣的事实：在交谈中，人们的行为不是固定不变的，而是有许多策略的。其中，会聚和背离是两种核心的策略。

1. 会聚

会聚可以被看作一种适应对方交际行为的策略，人们通过它来调整自己的言语和非言语行为。这种调整可能表现在语速、停顿、微笑、注视等方面。这是交际适应理论中的一个核心过程。

然而，会聚的策略并非自动选择的，有几个影响选择的关键因素。

一个关键因素是对对方的言语和行为的感知，基于这种感知，人们会判断是否要与对方适应。另一个关键因素是吸引。人们往往更倾向于与感到吸引的人进行会聚。这种吸引不仅包括表面的情况，还包括许多特质，如喜欢度、魅力和可信度。一般来说，当两个交际者彼此吸引时，双方更可能在谈话中表现出相似性。这种吸引可能受多种因素影响，如与对方将来的交往可能性、交际能力或地位差异等。此外，性格和行为方式的相似性也能增强吸引力。

交际者之间的关系历史也在会聚过程中起到了至关重要的作用，看似积极的会聚策略实际上往往基于彼此之间的历史关系。随着时间的推移，人们越来越意识到彼此之间的相似性，尽管最初可能并不知道彼此是否具有吸引力。

2. 背离

相对于会聚，背离是一个完全不同的策略。在这一策略中，交谈者会强调自己与对方之间的差异，无论是言语行为还是非言语行为。这意味着在交谈中，交谈者不会模仿对方的语速、姿势或者其他特点，而会强调自己的与众不同。背离策略背后的逻辑是交谈者避免与对方产生深入的联系，两个人在交谈时并不想展现出彼此的相似之处。背离策略体现了两个人在交谈时的独立性和自主性。

3. 过度适应

过度适应是一种特殊的交际策略，其中交谈者在交流过程中对对方展现出了过多的关注。这种策略有三种主要形式：敏感的过度适应、依附的过度适应和群体间的过度适应。

敏感的过度适应涉及交谈者对对方某些潜在的不足的高度关注，这些不足可能是语言障碍或生理障碍。例如，当与听障人士交谈时，交谈者可能会过度提高音量，误认为这样可以帮助对方更好地听到，但过度的调整可能会显得刻意，从而带来不必要的困扰。

依附的过度适应与社会地位有关，在这种情境下，交谈者可能不自觉地把对方置于一种较低的地位，使对方感受到某种依赖感。比如，当上级与下级交谈时，上级可能过度强调自己的指导和建议，这可能会使下级感觉自己没有独立思考的空间。

群体间的过度适应涉及对对方的整体刻板印象，而忽视了个体的独特性。比如，一个人可能错误地认为所有来自某一特定国家的人都有相同的习惯和兴趣，这种基于群体而非个体的判断可能会导致误解和困惑。虽然认识到群体的特性是有价值的，但过度地将个体与群体等同起来可能会忽略某些个性和需求。

三、文化共存理论

（一）文化共存的要素

1. 同化、适应和分离

那些在主流文化中可能未被充分代表的群体成员，在面对如何在社会中找到自己的位置时，往往有三种不同的方法可供选择：同化、适应和分离。

同化是一个过程，其中某些群体选择舍弃或最小化自己与主流文化的差异，以便更好地融入社会。这种方式的理论基础是，要在社会中获得成功或被接受，一个人就需要模仿主流文化中的行为和观念。然而，同化可能导致个体失去一些独特的文化标识。

适应则是在保持一定的文化独特性的同时，与主流文化建立联系，这是可能的且更为有益的。这种方法试图改变主流文化，使主流文化更加包容并接纳其他文化的多样性。这不仅仅关于个人适应，而且关于如何让文化结构变得更为公正和平等。

分离是一个极端的选择，涉及与主流文化绝对的隔离，选择与拥有相似文化背景的人在一起。此方法的目的是，在一个与主流文化完全不同的环境中，维护自身文化的纯粹性。

2. 能力

个体在运用交际策略时所展现出的能力并不总是一致的，这是因为每个人的性格、经验和当前的环境都可能影响交流的方式。例如，有些人可能由于性格原因或早期教育的影响，避免使用粗鲁的言语或攻击性的策略。这意味着，在交际策略的运用上，并不是所有人都拥有相同的能力。

3. 经验场

每个人都有自己的生命经验，这些经验总和构成了经验场。在这个范畴内，共文化群体成员持续评估和重新定义与主流文化群体成员之间的沟通方式。这是一个动态的过程，因为随着时间的推移，共文化群体成员会学到新的交际策略并对已有的策略进行调整。通过总结生活经验，共文化群体成员了解到某些策略在特定情境下可能会比其他策略更为有效。这种经验的累积，使共文化群体成员更有能力判断在何种情境下使用何种策略最为恰当。

4. 情景语境

共文化群体成员与主流文化群体成员的交流不是固定的或预先决定的行为模式，事实上，共文化群体成员对交流策略的选择往往受到具体情景语境的深刻影响。例如，交际发生的地点、场合的正式程度、到场的人数、人际关系以及其他众多细节都可能影响共文化群体成员选择交际策略。理解这些细节对于深入探讨共文化实践是至关重要的。

5. 交际方法

交际方法可以大致分为三类：非过分自信型行为、过分自信型行为和攻击性行为。每一种方法都与特定的交际特点和态度相对应。

非过分自信型行为体现了一种谦逊的态度，其中个体常常将他人的需求置于自己之前。这种交际方式可能出现在尊重他人或避免冲突的情境中。

过分自信型行为则处于这三种方法的中间位置，这种交际方法强调了既考虑自己的需求，又考虑他人的需求，旨在实现公平和平等沟通，同时也展现出自信和决断。

攻击性行为通常包含伤害他人感情的行为，这种行为往往是以自我为中心的，把个人需求和意愿放在首位，可能会伤害到他人。

6. 代价与回报

在日常的交际活动中，共文化群体成员可能会意识到与不同的交际策略相关的某些代价和回报。例如，某一种交际策略可能带来了期望的结果，同时可能导致某些负面后果，了解这些潜在的利与弊是决定交际策略的关键。共文化群体成员感知代价和回报在很大程度上受到个人生活经验的影响，因为在不同的情境下可能获得与交际策略相关的不同的反馈。

（二）文化共存理论的假设

文化共存理论提出了有关共文化群体与主流文化群体之间交际关系的独到见解，该理论建立在两个核心假设上。

一是共文化群体成员在社会的主要结构中往往被置于非中心的、边缘的地位上。

二是在面临一个有可能压迫的主流文化环境时，共文化群体成员能够通过特定的交际方法来实现目标。

文化共存理论进一步基于五个深入的知识论假设。

第一，社会总是呈现出某种层级结构，这种结构为某些群体提供了明显的优势和特权。

第二，主流文化群体成员凭借相对的特权地位，掌握了权力，这种权力使其有能力构建、维护，甚至加强一个交际系统。这一系统主要反映、支持和推广主流文化群体成员自己的生活经验。

第三，由主流文化群体主导的交际结构常常直接或间接地为那些在公共交际领域内没有得到足够代表的人设下障碍，换句话说，如果某些人的生活经验在主导的交际体系中没有得到充分展现，那么在社会进程中其地位就可能受到限制。

第四，尽管共文化群体成员各自的经验可能千差万别，但往往因为在主流文化中的相似的非中心地位而结为一体，这导致了共文化群体成员的声音、需求和经验常常未被充分认知和代表。

第五，面对结构性挑战，共文化群体成员不是选择被动接受，而是选择策略性地运用特定的交际行为，与有潜在压制性的主流文化进行协商和交流，以寻求自身的权益和认同。

（三）文化共存理论的应用

文化共存理论主要有九种不同的交际倾向，这九种交际倾向又对应着不同的做法。

（1）自信且寻求适应的交际者会选择“转向自我交际”，并努力“发展跨群体的交际网络”。这类交际者充当桥梁，连接不同文化，通过“教育他人”来传递理解和尊重的价值观，而不是将自己孤立起来。

（2）相对的，不自信且选择分离主流文化群体的交际者会避免与其他群体的交往，甚至“维持人际交往的障碍”。这种行为可能源于这类交际者对新文化的恐惧感或对自己文化的过分保守。

（3）有些交际者在与主流文化群体交往时会持有冲突心态但又希望被同化。这类交际者可能会“游离其外”或“策略性地保持一定距离”。这种策略同时反映了这类交际者的矛盾情感和对主流文化群体的模仿倾向。

（4）怀有冲突心态并选择分离的交际者可能会在交际中显得有攻击性，甚至“妨害他人”。这种行为往往表现出这类交际者不理解、不尊重的态度，甚至是对不同文化的敌意。

（5）自信且选择分离的交际者更倾向于与自己文化背景相同的人交往，并在交际中“显示强势”，这种行为可能源于这类交际者对自己文化的骄傲和自信。

（6）不自信但意图适应的交际者努力“增加可见度”并尝试“消除定型观念”。这类交际者追求主流文化群体的认同，希望通过努力消除偏见和误解。

（7）自信且意在同化的交际者会对交际活动“充分准备”并尝试“过度补偿”。这类交际者不仅希望被接受，而且希望在主流文化中获得一席之地。

（8）持冲突心态但希望适应的交际者会“正视交际活动”并从中受益，尽管心中可能有所保留，这类交际者还是愿意探索和尝试。

（9）不自信但意在同化的交际者会“重视共同点”和“进行自我反省”，以期找到与主流文化群体的联系并避免潜在的冲突。

第二章 跨文化交际与高校英语教育的融合

第一节 高校英语教育中的文化教学

一、高校英语文化教学的必要性

高校英语文化教学的必要性主要体现在五个方面，如图 2–1 所示。

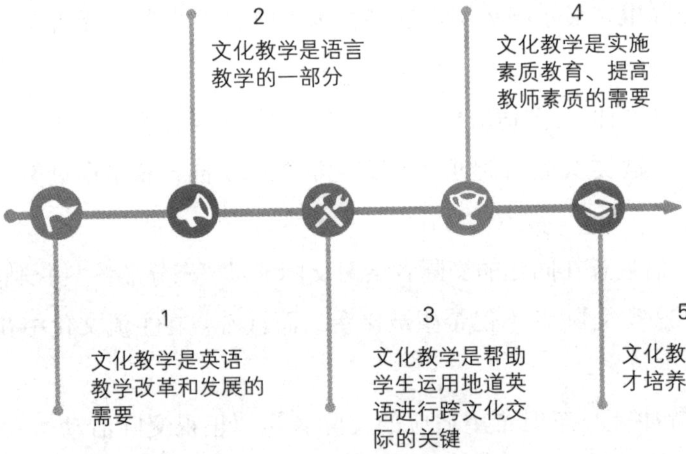

图 2–1 高校英语文化教学的必要性

（一）文化教学是英语教学改革和发展的需要

教学改革给英语教学带来了划时代的变化。其中不仅教学目标发生了转变，教学理念、教学方法，乃至教学评价方式都得到了更新。社会和教育者开始重新审视外语学习的意义：学习一门外语，不仅仅是为了掌握语言知识，更重要的是深入了解另一种文化。

文化元素一直伴随着每一位学生的学习历程，从日常的语言表达、语境设定，到各种文化符号的运用，都包含了浓厚的文化信息。不论是高水平英语学习者还是初学者，其交际能力都可能因为文化障碍而受到影响。这是因为不同的语言往往具有不同的文化背景，而文化背景会影响人们的思维模式、价值观和个性，所以，学生在学习一门新的语言时，也在学习一种全新的思维方式，接触一个不同的文化背景，这无疑会对学生的价值观和人格特质产生深远的影响。

换句话说，英语学习不仅仅是简单记忆单词和掌握语法，还是一个复杂的过程，涉及跨文化交流、思维方式的转变以及价值观的更新。在这个过程中，学生可以拓宽自己的视野，学会尊重和理解来自不同文化背景的人。英语教育者的任务不仅仅是教授语言知识，更重要的是帮助学生深入了解英语背后的文化背景，帮助学生成为真正的跨文化交际者，使学生不仅能在语言交流中得心应手，在与不同文化背景的人交往时，也能更加自信和得体。

融文化教学于英语学习过程是一个明智的选择，这为学生提供了一个新的视角，使学生观察和了解世界。更进一步说，文化知识不仅加深了人们之间的交流和联系，还成为建立广泛关系网的中介。在语言教学中，教师需要有计划地向学生传达目标语言国家的文化知识，培养学生对文化差异的敏感度，使学生逐渐形成文化比较能力，帮助学生更加得体地进行交际，进而提高学生的文化修养。

融文化教学于英语学习过程不仅能够强化学生的英语基本技能，还有助于激发学生的英语学习热情。过去的英语教学往往将重点放在词汇和语法上，这种单调的教学方式经常使学习变得枯燥无味。当语言教学与文化教学同时被纳入教育体系时，教学内容和形式就变得多元化，生动有趣，为学生和教师创造了一个充满活力和创新的学习环境。

为何要在英语学习过程中注重文化教学呢？文化是一个社会的集体记忆，它反映了一个社会的价值观、习惯和传统，当学生学习英语时，了解英语背后的文化将帮助其更好地理解和使用这种语言。文化差异是交际障碍的原因之一，对文化了解和欣赏可以帮助学生克服这些障碍，使学生成为更有效的沟通者。

（二）文化教学是语言教学的一部分

语言和文化是紧密相连的两个概念，二者的存在与发展相互依赖。文化为语言提供了背景和环境，而语言则是文化传承和交流的工具。

从历史的角度来看，每一种语言都是文化和历史背景的产物，每一个词语都蕴含了某种文化意义或历史故事。例如，英语中的“red tape”这一习语源于英国，用来描述不必要的官方程序。如果不了解背后的文化和历史背景，学生可能会对这样的习语感到困惑。为了更深入、更准确地理解语言，学生需要了解与之相关的文化背景。这种文化背景不仅能使学生更好地理解语言材料，而且有助于学生在实际交际中使用这种语言。

文化教学不仅帮助学生更好地理解目标语言，还可以培养学生的跨文化能力。跨文化能力是指在与来自不同文化背景的人交往时，能够理解、欣赏、尊重和适应其他文化的能力。在全球化的今天，这种能力变得越来越重要。高校英语教学不仅要教授语言知识，还要培养学生的跨文化能力，使学生能够在国际环境中有效沟通。

文化教学还为学生提供了一个全新的学习视角和方法，鼓励学生从宏观和微观的角度来探索和分析语言，学生不只是被动地接受语言知识，而且成为主动的探索者，寻找语言和文化之间的联系。这有助于增强学生的学习兴趣，培养学生的批判性思维和独立思考能力。

（三）文化教学是帮助学生运用地道英语进行跨文化交际的关键

语言表达的不只是表面意思，还综合了文化、情感、历史和社会背景。

学生只有掌握了语言的文化背景，才能更准确、更自然地在各种社交场合中使用该语言。文化教学不仅为学生提供了语言背后的意义，还使学生能够真正地“生活”在该语言中。

举一个简单的例子，英语中的问候方式与汉语存在很大的差异。在西方文化中，“How are you?”是一个普通的问候，而在汉语中，“你吃了吗？”是更常见的问候，这些问候实际上并不真的期望一个直接的答案。如果没有对这种文化差异的了解，学生就可能会误解这些表达的真正含义，从而在交际中造成困惑。由此可见，了解和学习目标语言的文化是实现有效交际的关键。学生只有了解这些文化细节，才能够自如地在不同的文化背景下进行交流。

文化教学也为学生提供了一个全新的学习维度，使学生能够更加深入地理解语言的复杂性和多样性。学生如果开始探索与语言相关的文化概念，就不再只是学习词汇和语法，而是开始思考如何将这些知识应用于真实的交际场景中。这种深入的理解使学生更容易把握语言的精髓，更加自信地与来自不同文化背景的人交往。

（四）文化教学是实施素质教育、提高教师素质的需要

在学习一门语言时，语法、词汇和发音只是表面，文化则是隐藏的部分，决定了语言学习的深度和广度。在高等教育中，真正的素质教育不能只追求技能培训，而要求学生能够深入语言的核心，探索与之相关的文化。这样的深入学习能够帮助学生更好地掌握语言，培养学生在国际环境中进行交流的能力，使学生形成宽广视野。

在全球化时代，教师的角色已经超越了传统的知识传授者，学生期望的不仅是语言技能训练，更多的是对于语言背后文化的深入了解。这种期望对教师提出了更高的要求：除了在语言教学上要有扎实的基础，教师还需要对相关文化有深入的了解，掌握多种教学方法和策略，为学生构建一个真实和生动的学习环境，使学习不再是单一的技能训练，而是一次文化的探索之旅。这样的教学既可以满足学生的需求，还能激发

教师的教学热情，让教师在教学过程中更有成就感。

将文化纳入语言教学对师生而言益处是即时的，对教育而言影响是深远的。掌握语言背后的文化意味着学生能够更好地融入一个多元化的环境，进行有效的跨文化交流，这是语言学习的目标，更是教育的目标：培养出具有国际视野、开放思维的人才。同时，教师在文化教学中也能得到进一步成长，教学视角会更加宽广，对于学生的需求也会有更深的了解。

（五）文化教学是人才培养的需要

随着时代的快速发展，社会进步和教育体系的改革强调对于学生综合素质的培养，确保学生在21世纪的英语教学中获得全面的成长。学习并掌握一门语言实际上是一次对新文化和交际手段的探索，在这个探索过程中，中西文化的对比与分析变得尤为重要。这样的学习使得学生能够多角度了解英语文化，同时也使学生有机会重新审视并重新理解自己的文化传统。

从深层次来看，语言学习并不仅仅是对单一文化的了解和掌握，更多的是培养学生跨文化的交际能力。这种能力能让学生在国际交往中更加得心应手，做到既能深入了解对方，又能准确、自信地表达自己，从而更好地维护和代表本国和本民族的利益。这种跨文化的交际能力至关重要，特别是在当前经济全球化的背景下，掌握这一能力的学生不仅能在个人层面上获得更多的发展机会，还可以在更高的层面上，如经济、政治和文化等领域，为国家和社会创造价值，加强国际联系和合作。

在文化教学中，不能单纯偏重某一方面的文化，尤其是在介绍外国文化的时候，需要注重中西文化之间的平衡。平衡并不意味着简单地介绍各自的文化，而是要使人们真正理解两种文化中的深层价值和思维方式，在介绍西方文化的优点和价值的同时，更要深入挖掘和呈现中华传统文化的深度和丰富性，使学生在了解外国文化的同时，更加深入地认识和珍视自己的文化根源。

正确的、全面的对外文化的认知也是非常关键的，有了这样的认知，学生在未来走向世界时，既能适应外国文化环境，也能将中华传统文化在国外进一步推广和发扬。这既能促进个人的发展和成长，也是在全球化的大背景下，个人能为世界文化的交流和繁荣做出的贡献。

二、高校英语文化教学的作用

（一）文化教学可以优化学生的知识结构

在高等教育阶段，学生已经建立起了基本的知识体系，然而，这一体系往往更偏重于技能和基础理论知识的积累。文化教学的引入，为学生提供了一种全新的知识维度，允许学生跳出纯粹的语言学习模式，进入更为广阔的文化背景之中。在这一过程中，学生不仅能够深入探索英语所代表的西方文化背景，还能将西方文化与中华传统文化进行比较，这样的对比为学生提供了多角度的思考，使学生的知识结构更加完善和多元。

文化知识的融入可以使学生在语言学习中找到更多的实际应用场景，简而言之，语言不仅仅是一个工具，更是一种文化的载体。在学习英语的过程中，结合文化背景，如历史、艺术、社会等方面的知识，既能够帮助学生更好地理解和运用语言，还可以使学生更深入地了解这种语言所代表的文化内涵。学生在未来的工作和生活中与英语为母语的人交往时，这种文化背景知识无疑会成为一大优势。因此，英语文化教学的实施，不仅优化了学生的知识结构，还为学生未来的国际交流和合作打下了坚实的基础。

（二）文化教学可以优化学生的能力结构

文化教学深入挖掘英语教学中的交际文化元素，为英语学习者注入语结、认知、语用等语言文化知识，也包括手势、礼仪、交际场合、交际策略及交际态度等非语言文化知识。这种教学方式无疑是提升学生跨文化能力的关键。特别是注重语用文化因素，不仅帮助学生更好地选择应用语言，还预防“社交语用失误”，也就是由于不熟悉对方文化背景而导致的语言选择错误，帮助学生在实际交往中更得体地进行沟通。文化教学还能确保话语行为的准确性，并对交际模式的改善、话语结构的调整等都有显著效果。

以日常交际中的礼貌用语为例，有的人可能会简单地将英语的“Thank you.”与汉语的“谢谢”等同看待。但在英语中，表达感激可以有各种方式和强度，如“Thanks.”和“Much appreciated.”之间有细微差别。又如，在英语中表达赞美时，不仅可以使用“Good job.”，还有“Kudos to you.”“Well done.”等方式。这些例子表明，单纯的字面翻译或直接的词语对应并不能完全捕捉源语言的文化内涵和语境。文化教学的引入，使学生不再停留在单纯的词汇学习层面，而是更为深入地理解和使用语言，真正达到语言交际的目的。

（三）文化教学可以提高学生的社会文化能力

纯语言学习可使非母语者准确地表达自己的意思，但在实际交际中，如果缺乏对于文化背景知识和社交习俗的理解，就很容易出现误解或沟通障碍。例如，了解西方国家在商务场合的礼仪、传统节日的意义和日常生活中的行为习惯，都能帮助学生更加得体地进行交流，避免不必要的冲突。对于某些文化特定的言语行为，如幽默、比喻或隐喻，学生也需要深入了解背后的文化逻辑和社会背景。

随着经济全球化的发展和跨国公司的增多，越来越多的高校毕业生面临跨文化的工作环境和生活挑战。在这样的环境中，拥有丰富的文化知识和较强的社会文化能力变得尤为重要。通过文化教学，学生不仅能够理解语言的字面意义，还能够领会其中蕴藏的文化内涵和感情色彩，这种深入的理解和应用，使学生在跨文化交际中更为从容、自信，并能够与来自不同文化背景的人建立真挚的关系。

（四）文化教学可以促进学生批判性思维的培养

学生在深入探索自己文化与英语文化之间的相似性和差异性时，可以认识到文化并不是孤立存在的，而是在不断与其他文化互动中发展和变化的。这种对比和反思使学生对自己的文化有了更深入的理解，同时也开始思考背后的深层次原因。这是一种对已有知识进行批判性审查的过程，也是对新知识和理念进行思考和评估的过程。

批判性思维是一种独立思考、评估、解决问题和做决策的能力，文化教学提供了一个平台，帮助学生培养这种能力。在探索不同文化的过程中，学生需要评估各种信息来源的可靠性，分析不同文化背景下的观点和论据，构建自己的观点。跨文化交流也经常涉及解决文化冲突和消除误解的问题，这需要学生具备高度的批判性思维能力，以确保自己在与他人交流时能够公正、理性和有说服力。更为重要的是，文化教学鼓励学生不仅接受知识，还要学会质疑、分析和创新，这些都是批判性思维的核心要素。

（五）文化教学可以加强学生文化身份的认同

在多元化的学习环境中，文化教学能够通过对比不同文化的特点、历史、传统和价值观，使学生从更广泛的视角审视自己的文化。学生在学习外国文化时，经常会将其与自己的文化进行比较，从而更加深入地思考和理解两者之间的异同。这样的学习经历使学生更加珍视自己的文化传统和价值观，认识到每一种文化都有其独特性，而这种独特性是值得尊重和珍惜的。在这个过程中，学生开始意识到，虽然外国文化也吸引人，但自己的文化同样充满了深度和内涵。

文化身份认同是个体对自己文化背景的认知和情感上的归属感，学生在文化教学中对比和分析不同的文化，便逐渐形成对自己文化的自豪感和归属感。这种文化身份认同增强了学生对文化的理解和尊重，为学生提供了一种坚实的心灵支柱，在与来自不同文化背景的人交往时，学生可以更加自信地展示自己的文化。更为重要的是，这种强烈的文化身份认同使学生在全球化的背景下，既能够融入外部的文化，又能够保持自己文化的独特性和完整性。

（六）文化教学可以促进学科间的融合与交叉

语言文化教学的独特之处在于内容的丰富性与跨学科的特征，学生在学习英语文化时，实际上在涉足多个学科的领域。例如，学生学习英语国家的文化传统或节日，就不仅接触文化学的知识，也深入了解该国的历史背景和社会结构。又如，学生探讨英语国家的社会现象或文化习惯，既需要理解语言背后的文化含义，又需要借助社会学的知识。这种跨学科的学习方式大大拓宽了学生的视野，使学生能够从多个角度思考和解读同一个问题。

随着学科知识的不断积累和深化，不同学科间的界限逐渐变得模糊，学科之间的交叉和融合变得越来越普遍，英语文化教学正是这种交融与创新的体现。学生在此过程中学会了如何将从各个学科中获得的知识进行整合和应用，从而形成一个更为完整和系统的知识体系。这有助于培养学生的综合分析能力和创新思维，也为学生未来在职业生涯中跨领域工作提供了坚实的基础。多学科的融合还为学术研究和教学方法改革带来了新的机遇和挑战，推动了教育的现代化和国际化。

三、高校英语文化教学的具体模式

（一）“交际－结构－跨文化”模式

在现代的英语教学实践中，“交际－结构－跨文化”模式被广泛应用，与中国学生的学习习惯联系紧密。有的中国学生在学习英语时，往往依赖于汉语的思维方式，这种思维方式在某种程度上与英语的学习规律存在差异。从心理学角度来看，事物或情境存在显著的差异对于人的记忆和认知会产生强烈的刺激。“交际－结构－跨文化”模式从英语学习的整体过程入手，着重激活学生的认知体验，并在每一个教学阶段对学生的英语思维模式产生积极的影响。

1. 交际体验

交际体验的核心是帮助学生掌握并运用交际能力。这种能力可以被看作人们为了与环境保持平衡所采取的自我调节策略。学生经历真实的交际场景，如通过英语与他人进行对话、参与小组讨论或完成任务，交际能力会得到锻炼和提高。在这一过程中，双方的交流不仅需要基于共同的语言环境，而且需要了解对方的文化背景和价值观，从而更有效地展现自己的交际技巧。

高校英语教学应注重为学生创造真实的、富有挑战性的交际环境，帮助学生实践所学知识，促进教学中的互动。例如，教师可以组织角色扮演、模拟会议或者模拟国际文化交流活动，让学生在这些场景中应用英语，加深对英美等国家文化的了解。这样的教学活动不仅提高了学生的语言技能，还培养了学生跨文化交际的意识。

2. 结构学习

结构学习以提高语言技能为目的，强调对语言结构的理解和运用。语言都具备独特的系统性，这种系统性在教学中被看作一种宝贵的资源。为了有效利用这种资源，教育者致力于挖掘并运用结构性规律，从而塑造一种结构化的学习方法。

结构学习的焦点可以从多个角度来解析：第一，培养学生对英语结构的掌握和应用能力，这意味着学生不仅要学会如何构造句子，还要知道如何在各种情境中恰当使用句子；第二，重视学生的词语选择和创新能力，这有助于学生在日常交流中用词更为灵活和准确；第三，培养学生从单词到句子再到段落的组织能力，这是学生实现有效沟通的关键；第四，针对不同的语境，加强对学生的交际能力训练，使学生能够适应不同的交流环境。

3. 跨文化意识

跨文化意识着眼于学生对文化知识的深入了解，这一过程不仅包括对英语国家的历史背景、社会习俗的学习，而且涉及相关文学作品的阅读和探究。这样的文化教学方式旨在激发学生对英语文化的热情和兴趣。随着时间的推移，这种教学方式逐渐演变成对外国文化的深入探索，激发学生的学习激情，进一步提高学习效果。

该模式在教学实践中，强调中西文化的比较，这种对比不仅帮助学生更好地理解两种文化的异同，还对培养学生的跨文化意识起到了关键作用。只有真正了解和尊重文化差异，学生才能在国际交流中更为自如、有礼并培养真正的跨文化沟通技能。

（二）“文化因素互动”教学模式

“文化因素互动”教学模式的核心在于将文化元素融入英语教学的各个环节，使学生在学习语言的同时，也能够感受和体验到相关的文化背景。该教学模式强调教师和学生之间的互动，以及学生与学生之间的互动。在课堂上，教师可以通过各种形式，如视频、图片、音乐、文学作品等，展示目标语言国家的风土人情、历史文化、社会现象等，使学生能够在视觉、听觉等多重感官的刺激下，更加直观地理解和感受文化的独特魅力。此外，教师还可以组织一些小组活动，如辩论、演讲、角色扮演等，让学生在实际操作中学会运用语言，更好地掌握语言的运用规律。

除了教师的引导和组织，学生之间的互动也是“文化因素互动”教学模式的重要组成部分。学生可以通过小组讨论、合作学习等方式，共同探讨和研究文化背景下的语言特点，彼此分享学习经验，实现知识的共享和知识水平的提升。在这个过程中，学生既能够更好地掌握语言，还能够培养团队合作能力和沟通能力，这对学生未来的职业发展也有帮助。

第二节　跨文化交际视角下高校英语教育的作用和目标

一、跨文化交际视角下高校英语教育的作用

随着全球经济的发展，国际交往与合作的频率明显增加。中国作为全球重要经济体，与世界各国的互动日益频繁。在这种背景下，英语的重要性进一步显示，因为英语是国际交流的主要语言之一。如何提高英语教学的质量和效率，以满足中国经济发展的需求，成为高等教育的紧迫课题。教育者逐渐意识到，英语教学不仅仅是关于语言技巧的训练，在更深层次上，还涉及文化知识的传授。语言与文化是紧密相连的，无法分割，是否将跨文化教育纳入英语教学内容已成为现代英语教学的关键标志。

在这样的认知下，高等教育机构应在教学中重视跨文化教育，尤其是在英语教学中。这样的教学模式鼓励学生在学习语言的同时，了解并欣赏不同文化的精髓，加强文化间的交流和合作。文化背景不同，即使语言流利，仍然可能出现误解，这在跨文化交际中并不罕见。这些由于文化差异造成的交际障碍，往往比单纯的语言错误更为严重。文化错误可能导致误解，而语言错误可能只是导致词不达意的问题。

为了更好地在跨文化环境中交流，学生不仅需要掌握语言知识，更重要的是具备跨文化能力，以了解并尊重不同的文化背景，避免因文化误解而导致的交流障碍。

本书将跨文化交际视角下高校英语教育的作用归纳为以下几点，如图 2–2 所示。

图 2-2　跨文化交际视角下高校英语教育的作用

（一）满足英语教学发展需求

如何有效地将英语教学与文化教学结合起来，是每一位英语教育者都需要思考的问题。语言教学结合文化教学可以帮助学生更全面地理解和使用语言，进一步拓宽学生的视野，增强学生的文化敏感性和跨文化能力。在这个过程中，学生可以更加深入地了解外国文化，吸收文化精髓，也能够更好地推广和传播本土文化。这种双向的文化交流和借鉴，不仅有助于提高学生的文化素养，还有助于促进不同文化之间的和谐共处和相互理解。

（二）适应新世纪中国社会经济发展

中国与世界各国的联系日渐密切，国际交往、文化交流和经贸合作的频率持续上升，中国对国际化人才的需求也随之增加。国际化人才不仅应该具备深厚的专业知识，更应该掌握跨文化交际的能力。谈及国际化人才，人们往往先想到语言表达能力，但在经济全球化的今天，除了语言表达能力，更为关键的是对各种文化的深入了解和认知。无论是在国际贸易、外交事务方面，还是在文化交流方面，了解对方的历史、习俗、生活习惯和价值观，都是建立有效沟通的前提。

跨文化能力的核心是对双方文化的理解，仅凭词汇丰富和语言表达流利是无法实现真正的跨文化交流的。与外国人进行得体、有效的交流，要有更高的文化敏感度和更强的应对能力，了解对方的文化背景、价值观和生活方式，这样才可以更好地理解对方的意图和需求，从而更加精确地传达信息，避免因文化差异而产生误解。

为了应对这一挑战，高校英语教学需要进行相应的调整和创新。传统的教学模式，多重视听、说、读、写等基础语言能力的培养，现在则要求学生能够在跨文化背景下进行全面、有效的交际。高校英语教学不仅要传授语言知识，更要引导学生深入了解和体验不同的文化。高校英语教学要突出文化差异的导入，使学生对多种文化背景有更为深入的认识和了解。这样，学生在掌握语言的同时，还能够培养对外部世界的开放心态和保持跨文化交际的敏锐度。通过这样的教学模式，学生不仅可以提高语言能力，还可以形成对各种文化尊重和理解的态度，为未来的国际交往和合作做好充分准备。

（三）促进大学生社会化发展

在社会经济发展的大背景中，个体不断与环境互动，影响和被影响，个体必须通过学习来适应环境并取得进步，学习的过程涉及对个体与社会之间各种关系的认识和理解。具体到大学生，大学生处在人生的关键阶段，正在形成自己的世界观、人生观和价值观，教育环境在此过程中扮演着不可或缺的角色。

大学生如今所处的时代与过去有很大的不同，面临的社交环境日趋多元化，社交手段也日益丰富，这种多样性使得大学生有更多的机会接触来自不同文化背景的人。在这样的背景下，跨文化教育显得尤为重要。跨文化教育旨在培养学生与来自不同文化背景的人合作的意识，并提高学生的跨文化交际能力。跨文化教育的核心理念是追求平等、尊重差异和倡导合作，在多元化的现代社会中，这种教育有助于每一名学生都充分发挥自身潜在能力，通过了解和尊重不同的文化，学生可以更好地适应社会，与来自不同文化背景的人建立有效的联系。大学生需要对社会环境、社会活动和社会关系有深入的了解，以便在社会中找到自己的位置。跨文化教育可以为大学生提供这样的机会，帮助大学生了解和体验不同的文化，丰富和发展自己的经验、情感、能力和知识，加深对自我、他人和社会的认识和理解，养成良好的行为习惯，并形成社会主导的道德观、价值观和判断能力。

跨文化教育也与现代青年追求社会化的目标高度一致。在经济全球化的背景下，各种文化交流和互动日益增多，学生必须具备跨文化交际的能力，以便在未来的工作和生活中与来自不同文化背景的人有效沟通。高校注重跨文化教育，既可以增强学生对不同文化的认同感和包容性，也可以培养学生互相尊重和平等合作的意识。

（四）实现中华民族自立自强

中华民族要迈向伟大复兴，英语学习是一条有效路径，这不仅是因为英语是应用范围较广的语言，更是因为通过学习英语，人们可以更好地理解和吸收西方创新思维。只有在了解、吸收和融入这些知识之后，中华民族才能真正实现自立自强和自主发展。

在这样的背景下，高校英语教学中的跨文化教育显得尤为关键。高校英语教学要培养学生的语言能力，培养学生对多种文化的理解和包容能力，帮助学生在与来自不同文化背景的人交往时，更好地理解、沟通和合作，实现自我发展，进一步实现中华民族的自立自强。

（五）顺应高等教育国际化发展趋势

了解世界高等教育成为中国高校深化办学理念的重要前提。在这样的背景下，跨文化教育呈现出重要性，并逐渐成为高等教育发展的关键。跨文化教育允许国内高等教育体系学习和吸纳国外的先进教育理念与办学模式，寻找并突出本土与国际经验的结合点，不断创新并增强教育特色，进一步推动国内高等教育的整体发展。

随着世界经济发展的不断深入，中国高等教育的中外合作办学途径也在不断扩展。合作办学模式带有多元文化特点，涉及多元化的教育主体、环境和信息来源，也包括多种思维方式和社会习惯，这些多元化的特征使高等教育的培养过程受到丰富文化的影响。在国际市场发展的背景下，中国既要面对国内的挑战，还要应对全球大市场带来的各种考验。目前，国际化人才的需求量正在全球范围内快速增长，这对于全球的高等教育发展与改革产生了深远的影响。中外合作办学为国家提供了一个独特的平台，这里有各种文化的平等交流、双向交融和互相融合。跨文化教育被一些国家，尤其是那些经济更为开放的国家，视为一种提升国内与国际社会经济交往能力、应对国际经济竞争的策略性工具。

在全球经济一体化的大趋势下，商品、服务和信息的跨境流动日益频繁，涉及高层次人才的跨国流动。高校被视为加速全球经济一体化、增强各国间相互理解的有力途径，成为各国提升自身竞争力的代表性机构。现今的高等教育已经不再只专注于对学生专业知识的培养，还关注如何增强学生的全球意识、跨文化交往和跨国工作能力。多样化的办学模式也为高校提供了发展机遇，让各高校通过不同的方式增强自己的软实力。一些学校已经意识到跨文化教育的重要性，并从培养学生的全球意识和跨文化交往能力的角度出发，提升自身在教育体系中的地位。

无论是教育学家还是科学家，要想在国际舞台上取得认可，都需要广泛地与国际同行进行交流，其中就涉及深入的文化与思想交流。英语是这种交流的主要工具之一。在推动英语教学发展的过程中，文化教育的重要性不容忽视。英语不仅为学者提供了交流的工具，也打开了一扇了解和接纳各种不同文化的大门，这种文化交流有助于加深国际经济合作，同时促进科学技术的进一步发展。为了更好地实现这一目标，英语教学中应该鼓励学生采用比较研究的方法。交叉学科课程的开设可以为学生提供一个更广阔的知识视野，使学生能够跨越学科界限，进行深入研究和探索。增加人文社会科学的知识也可以拓宽学生的知识范围，帮助学生更好地理解和适应不同的文化背景。各个高等教育机构、不同的学科和专业之间的沟通和交流也应当得到加强，这种交流可以提高教学质量，使各个学科和专业之间能够互补，形成一个完整的知识体系。因此，英语教学应该与英语文化教学紧密结合。

中国的高等教育部门应重视跨文化教育。跨文化教育的目标是培养既具有全球视野，又深深植根于本国文化的人才，使人才在建立新的世界文化格局中能够起到关键作用。国际交往增多，文化差异依然存在，如果对不同文化缺乏了解，人们在交往中就会出现误解，有时甚至可能导致文化冲突。要解决这一问题，跨文化教育至关重要。通过跨文化教育，人们不仅能够更好地理解其他文化，还能够学会尊重和欣赏其他文化的传统和价值观。高等教育具有巨大的潜力，能够为跨文化交流提供坚实的基础。为了更好地应对全球化的挑战，加强与世界各国，特别是加强与世界先进国家之间的沟通与交流尤为关键。这有助于提高高等教育的质量，使高校毕业生更好地适应国际化的大环境。可以说，英语作为国际交流的主要语言之一，在跨文化教育中扮演了关键角色。在英语教学中，教育部门和学校都需要转变观念，更新教学策略，以满足国际化人才培养的需求。在这个过程中，跨文化教育不仅是一种策略，更是一种对于未来世界的长远投资，有助于培育出真正能够在国际舞台上有所作为的人才。

二、跨文化交际视角下高校英语教育的目标

从跨文化的角度来看，学生需要了解英语所代表的多种文化背景，这样在与来自不同文化背景的人交往时，才能更好地理解对方的观点，避免文化误解，从而建立真正的沟通。为此，高校英语教育必须重塑目标，使目标与当今复杂的国际环境相适应。

（一）增强学生的跨文化意识

增强学生的跨文化意识不仅有助于学生在学术领域中与国外同行进行交流，还能助力学生在职业生涯中建立更为广泛的人脉，拓宽视野，从而在多元文化的背景下取得成功。为达到这一目标，教育者必须重视文化在英语教育中的位置，将文化教育与语言学习有机结合，使学生对英语国家的历史、文化、习俗和社会现象进行深入研究，提高自己的语言水平，培养自身对外部世界文化的敏感性和欣赏能力。

（二）培养学生的跨文化能力

在当今时代，跨文化交流已不仅仅是两种文化的简单相遇，而要求达到文化的深度融合。这种融合的核心思想为“1+1>2”，即当两种文化融合时，所创造的价值远大于它们各自的价值之和。这是高校英语教育在跨文化交际视角下应追求的核心目标。

文化融合是让学生认识到，学习英语不仅仅是掌握一种新的语言技能，更是一次探索和体验，是一次跨越文化边界的旅程。学生深入探究英语背后的文化，不仅能学习到西方的历史、习俗和价值观，还会反观自己的文化，从而获得一种全新的、更为宏观的视角。这种视角不仅促进学生对多元文化的理解和欣赏，而且使学生更加珍视自己的文化根源。这种对自己和他人文化的深度理解与尊重相结合，将产生一种独特的化学反应，即“1+1>2”的效果。这意味着，学生在学习英语的过程中，既可以吸收和借鉴英语文化中的优秀元素，也可以将这些元素与中华传统文化相结合，创造出一种既有国际化视野又不失本土特色的新文化。这种新文化不仅能够推动中西方文化的相互交流和发展，还可以为全球化时代的文化交融提供一个全新的、更为开放和包容的范例。

因此，高校英语教育的真正目的不应仅仅是培养学生的语言技能，更应着眼于培养学生的跨文化能力，使学生在未来的全球化社会中，既能够与他人建立真正的沟通与联系，又能够为全球文化交融和发展做出积极的贡献。

第三节　跨文化交际与高校英语教育融合的原则和策略

一、跨文化交际与高校英语教育融合的原则

跨文化交际与高校英语教育融合应当遵循以下五大原则，如图 2-3 所示。

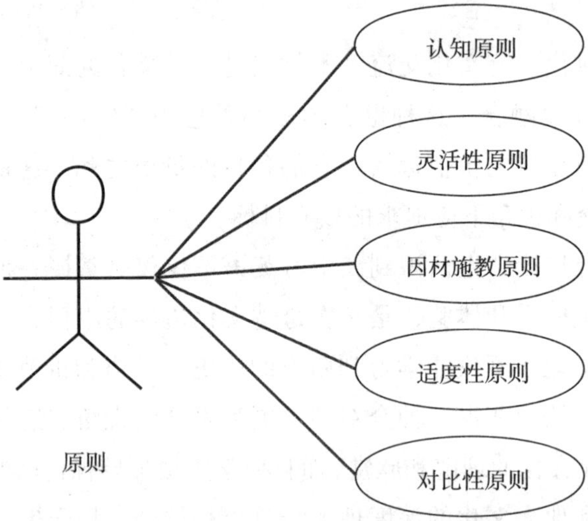

图 2-3　跨文化交际与高校英语教育融合的原则

（一）认知原则

认知原则主张将文化知识融入语言教学，从而使学生在掌握语言技能的同时，深入理解语言背后的文化背景和价值观念。这种认知过程不是简单的知识的积累，更为关键的是促使学生对所学文化内容进行深入思考、分析和应用，形成完整的、立体的文化认知结构。

在传授语言技能的同时，教师有责任引导学生透过语言看到更广泛和更深入的文化现象，如历史、艺术、宗教、价值观和社会制度等。这

种跨学科的学习方式能够帮助学生更全面地认识目标语言的文化，并对文化内容产生真正的兴趣和热情。例如，英语教学中的节日词汇教学，不应局限于单词的发音和拼写，还应涉及这些节日背后的历史背景、风俗习惯和社会意义，帮助学生理解深层次的文化含义。

认知原则也强调学生的主体性，在高校英语文化教学中，学生不应是被动的信息接收者，而应被鼓励成为积极的、独立的学习者。这要求教师为学生提供足够的学习机会和创设环境，鼓励学生积极参与、提问和探索，从而使学生形成自己独特的文化视角和认知结构。在这一过程中，教师的角色应从传统的“讲述者”转变为“引导者”和“协助者”，教师与学生一起探索和体验文化的奥秘，帮助学生建立起丰富、多元、开放的文化认知体系。

（二）灵活性原则

教学过程应保持开放与变通，以适应不同的学生群体、教学环境和特定的文化背景。灵活性原则不仅仅是教学策略的选择，更是教师对学生的尊重、对知识的尊重和对多元文化的尊重的体现。

灵活性原则意味着教师应根据学生的背景、兴趣和需求来调整教学内容和方式。不同的学生群体可能对不同的文化话题感兴趣，或需要了解特定的文化知识。例如，艺术专业的学生可能对英语国家的艺术和历史文化更感兴趣，而商务专业的学生可能更关注与商务文化相关的话题。教师应灵活调整教学内容，确保每一个学生都能从中受益。

灵活性原则也鼓励教师利用多种教学方法和资源，以满足学生的学习需求，包括使用多媒体资源、组织文化交流活动、开展小组讨论等。这种多元化的教学方式不仅可以丰富学生的学习经验，还可以帮助学生从多个角度理解和体验目标语言文化。教师还应鼓励学生进行自主学习，探索自己感兴趣的文化话题，从而形成独立、批判的文化视角。

（三）因材施教原则

教师应当针对学生的个体差异，如学术背景、学术兴趣、学习风格和能力，实施适当的教学策略。简而言之，教育不应该“一刀切”，而应该满足每一位学生个性化的需求和期望。

学生在学术背景和学术兴趣等方面都存在差异。一些在国外生活过或有较丰富国际交往经验的学生，可能已经对某些文化有了深入的了解。与此相反，一些学生可能几乎没有与来自其他文化背景的人互动的经验。为了确保每以一个学生都能够受益，教师需要识别这些差异，并为每一个学生提供适当的支持。例如，一个对英国历史深感兴趣的学生可能会对与英国历史事件或文化现象有关的学习内容更为投入，而另一个对商业文化感兴趣的学生则可能对与商业实践和交流有关的学习内容更感兴趣。

因材施教原则也强调了对学生学习风格和能力的尊重，有些学生可能更喜欢通过视觉材料（如视频或图片）来学习，有些学生则可能更偏好文字描述或互动讨论。教师应识别这些偏好，并结合不同的教学方法和资源，为学生创造一个丰富的学习环境。例如，当教授美国的节日文化时，教师可以通过视频、图片、文章和小组讨论等不同的资源和方法，确保每一个学生都能够从中获得深入的理解。

（四）适度性原则

适度性原则要求教师在引入和解释外国文化时，既不过度简单化也不过度复杂化，以确保学生能够准确、深入地理解目标语言的文化。这种适中的方法有助于避免学生对复杂文化产生误解或偏见，也能确保学生不会因信息过载而感到困惑或产生挫败感。

在教学实践中，教师往往面临如何恰当介绍文化内容的挑战。例如，在介绍美国的多元文化时，如果只关注于流行文化，可能会忽略了这个国家其他文化；如果试图详尽覆盖每一种文化，学生可能会觉得信息量太大而难以消化。适度性原则为解决此类问题提供了指导。教师应当在传递关键概念和深入探索之间找到平衡，确保学生能够打下坚实的基础，并且也有机会深入研究自己感兴趣的特定领域。

适度性原则也要求教师在教学中持续调整，以满足学生不断变化的需求。在某些情境下，教师需要对某些文化概念进行简单化介绍，而在其他情境下则提供更详细的信息。例如，在介绍英国的饮食文化时，教师可以先从传统的英式下午茶入手，为学生提供一个易于理解的切入点，然后再根据学生的反应和兴趣，深入探讨英国其他特色或历史背景。

（五）对比性原则

对比性原则的核心在于，通过比较，学生可以更容易地揭示和理解文化中的深层次含义。例如，在探讨美国和中国的家庭价值观时，教师可以对比两国对于尊老爱幼、家庭职责和家族结构的看法，帮助学生看到文化之间的差异，引导学生思考这些差异背后的原因，如历史或经济因素。通过这种深入的思考，学生将更全面地理解文化，并培养出跨文化的视角。

这一原则也提醒教师要避免简单地将一种文化归纳为一种单一的模式或者与另一种文化形成对立。每一种文化都是多样化的，包含着丰富的内容。因此，在进行文化对比时，教师应保持开放和客观的态度，避免制造刻板印象。例如，在讨论英国和日本的商业礼仪时，教师可以指出二者在商务会议、商业餐饮或商务沟通上的不同习惯，同时需要强调，这些习惯并不是固定不变的，也可能存在例外情况。

二、跨文化交际与高校英语教育融合的策略

（一）进行显性与隐性文化教学

显性文化教学法以一种更为直观和系统的方式独立于常规的语言教学法而存在。这种教学方法的重点是知识的传授，它为学生提供了一个

相对明确、直接的方式，使学生了解和掌握目标语言的文化的各个方面。考虑到中国学生多数在纯汉语的背景下学习英语，显性文化教学法因其高效、系统的特点而尤为重要。这一教学法为学生提供了清晰的外国文化指南，解开了学生对外国文化的困惑，为学生的跨文化能力提升打下了坚实的基础。应用显性文化教学法的方式有两种：一种是为学生提供专门的文化课程，如“英美概况”或“跨文化交际”，这些课程通常专注于介绍英语国家的历史、地理、社会制度、教育系统、生活方式等具体的文化知识；另一种是在传统的语言课程中融入“文化点”，这种模式往往与课文阅读或听力练习相结合，但可能因其非系统性而在某种程度上略显欠缺。

相比之下，隐性文化教学法采用了一种更为综合的方式。随着英语教育的不断创新，语言教学与文化教学逐渐合二为一。在这种教学法下，学生不再是被动地接收文化知识，而是在真实交际情境中和使用语言的实践过程中自然而然地获得文化理解。这种方法的主要特点是自然性和实践性，它鼓励学生通过实际操作和沟通来了解并掌握文化知识。

显性和隐性文化教学法各有优势，但也各有局限性。显性文化教学法为学生提供了清晰的知识体系和明确的方向，但可能忽视了文化的某些复杂性和多样性。隐性文化教学法虽然更加自然和全面，但可能缺乏必要的深度和系统性。无论如何，这两种教学方法在培养学生的跨文化能力方面都是非常有价值的，将这两种方法进行有效结合，可以确保学生从多个角度了解、体验和理解文化，将对学生未来在国际舞台上的发展起到积极的推动作用。

（二）组织课外文化活动

1. 关注大众传媒

大众传媒是当今社会中直观、快速的信息传播手段，它不仅能传递信息，而且能呈现文化的深度和广度。在高校英语教学中，整合大众传媒资源为学生提供了一个独特的机会，使学生能够深入了解和体验英语文化。

高校可以考虑将国外的新闻、电视节目、电影、音乐等资源作为教学材料。这样的材料不仅涵盖了日常的话题，还展现了英语文化中的社会议题、历史事件、艺术观点等。例如，通过分析英国或美国的新闻报道，学生可以了解到这些国家的社会动态、政策方向和人们的日常生活。通过观看某一文化背景下的电影或电视节目，学生可以更深入地感受到那里的生活习惯、人与人之间的互动以及社会价值观。除了直接将这些资源作为教学材料，高校还可以鼓励学生主动关注外国的大众传媒，培养学生的自主学习习惯。如学生可以选择关注英美的新闻网站，每天阅读一些文章或观看视频，不断提高自身的语言能力和文化认知水平，也可以组织讨论会或小组活动，分享自己在大众传媒中获得的新知识和感悟。

但是，仅仅依赖大众传媒是不够的。教师和学生都需要批判性地思考自己所接触到的信息，分辨其真实性，并学会从多个角度解读和理解文化现象。

2. 开展英语专题性活动

英语专题性活动是高校英语教学中非常有效的辅助手段，它为学生提供了一个实际应用英语的平台，同时让学生深入接触和理解英语文化。这种活动不仅能帮助学生提高英语能力，还能加深学生对英语文化的认知，帮助学生更好地进行跨文化交际。举个例子，某高校为了让学生更加了解英美节日文化，特意组织了一个"英美节日专题周"，在这一周内，学生可以参与各种与英美节日相关的活动，如关于"感恩节"传统习俗的讲座、关于"万圣节"历史背景的小组讨论，或是模拟"圣诞节"交换礼物的环节。通过这些活动，学生不仅能够了解到这些节日的起源和文化内涵，还能够在实践中使用英语，体验英语文化。在这种专题性活动中，角色扮演也是一个非常有趣且有效的方法。例如，学生可以扮演各种英美历史人物，通过对话讲述人物的生平、历史背景等，使人们了解这些人物在文化历史发展过程中的重要地位。又如，可以模拟真实场景，如英国的下午茶时光、美国的棒球赛，或是澳大利亚的野外烧烤等，让学生真实体验英语文化的魅力。

组织这样的专题性活动需要有足够的资源和准备，教师需要提前做好计划，选择合适的主题，确保活动的内容既有趣又有教育意义。教师还需要鼓励学生主动参与，发挥学生的创意和潜能，确保活动的效果达到最佳。

3. 组织文艺会演活动

文艺会演活动可通过各种形式展现，如戏剧、歌曲、舞蹈等，可以使学生对英语文化有更深层次的认识和感受。例如，通过英美经典戏剧的会演，学生不仅可以学习和体验戏剧中的语言艺术，还可以通过角色扮演，深入了解英美社会的历史背景、人文思想和社会习俗。高校也可以组织学生围绕特定主题进行表演，如英国的民间音乐、美国的摇滚乐或澳大利亚的土著舞蹈等，这些音乐和舞蹈往往承载了深厚的文化内涵和历史信息。学生在学习和表演这些音乐和舞蹈的过程中，不仅可以锻炼自己的语言和艺术才能，更能深入了解和体验异国文化。

4. 开展文化讲座

文化讲座不仅仅是对某一文化主题的简单介绍，更重要的是让学生深入了解与英语文化相关的多种主题，如英国的文学历史、美国的民权运动、澳大利亚的土著文化等。通过这些专题讲座，学生不仅可以拓宽自己的文化视野，更可以掌握课本内容范围以外的知识，为将来的跨文化交流奠定坚实的基础。例如，学生通过听取一场关于英国文学史的讲座，不仅能了解到英国各个时代的文学流派和代表作家，还能对英国历史的各个时期、社会变革、文化背景有更加深入的认识，这无疑为学生提供了更为全面的英语文化背景知识，使学生在交际时更具文化自信和交际策略。

但值得注意的是，开展文化讲座需要邀请到在相关领域有深入研究且有丰富讲座经验的专家，只有这样，讲座才能够达到预期的效果，真正帮助学生提升跨文化能力。讲座结束后，学校还应鼓励学生进行深入的讨论和研究，使所学的知识更好地内化。

（三）研究大纲、深挖教材

教学大纲作为教学领域的指南针，确立了听、说、读、写、译等方面的教学标准和要求，为教师提供了教学依据和方向。教学大纲在指导各种知识性学习和技能性训练方面的建议都非常完备，这无疑为英语教育提供了稳定和一致的基础。相对于技能培训，文化学习的重要性并没有得到应有的关注。英语教师如果单纯遵循教学大纲可能会忽视某些教育中的细微之处，尤其是对于与学生的文化认知和人文素养有关的内容，教师需要深入理解教学大纲的精神，确保在符合教学大纲的基础上，结合自己学校的实际情况以及学生的具体需求，为学生提供更加丰富和多样化的教育内容，使英语学习变得更加生动有趣，更能深入人心，提高学生的人文素养。

教材在教学过程中起着至关重要的作用，它为教师和学生提供了一个共同的学习平台和参考标准。但是，任何一本教材都不可能完全涵盖所有的知识点，尤其是文化知识，因为文化是一个广泛、复杂并且不断发展的领域。这就要求教师在熟悉和理解教材的基础上，做到灵活应变，根据学生的兴趣和需求，进行适当的拓展和补充。这样，教材不仅是一个固定的教学工具，更是一个可以根据实际情况进行调整和优化的资源。

虽然教学大纲和教材为英语教学提供了重要的框架和基础，但教师在实际教学中仍然需要展现出自己的教育智慧和创意，确保教学内容既满足教学大纲的要求，又能够贴近学生的实际需求。

第三章 跨文化能力培养分析

第一节 跨文化能力概述

一、跨文化能力的内涵

跨文化能力主要包括三大部分：跨文化敏觉力、跨文化认知能力和跨文化行为能力。

（一）跨文化敏觉力

跨文化敏觉力作为跨文化能力的基石，显示出了一个人在面对不同文化背景时，如何从以自我为中心的角度逐渐转变为对多元文化的欣赏和接纳。这种转变不是瞬间完成的，而是一个漫长而复杂的过程，可以分为六个阶段。在第一阶段，人们往往否认文化之间存在差异。在第二阶段，为了维护自己固有的世界观，人们会对觉察到的外来文化表示反抗，试图将其排除。进入第三阶段，人们尽管开始认识到文化差异的存在，但更倾向于淡化差异，试图在文化的相似性中寻找依据。达到第四阶段，人们逐渐接受并尊重不同的文化和行为习惯。在第五阶段，人们进一步强调了对文化差异的理解和共鸣，此时人们开始融入多种文化，并可能发展为跨文化的个体。最后，在第六阶段，人们不仅认同文化的相对性，还真正体验并享受到与众不同的文化带来的魅力和乐趣。

明显的文化差异，如饮食、服饰等方面的文化差异，可以很容易地被观察到，但更深入的文化特质，如低情境交际与高情境交际，往往需要深入的探索和理解。培养对这些深层次文化差异的敏感性和理解能力，需要深入比较不同文化，积累相关知识和经验。

跨文化敏觉力体现了交际者在面对异文化交际时所表现出的一系列核心素质和能力。其中，自信心、开明度、自适力、中立的态度和社交的从容是五个不可或缺的要素。

交际者对自己的文化和能力有足够的自信时，往往能够在各种交际情境中持乐观和积极的态度，这种态度使交际者更容易理解和接受其他文化，也更容易得到他人的理解和接受。即便在面临挫折、误解或感到疏远时，这种自信也能够帮助交际者更有效地应对和克服交际中的障碍。

开明度要求交际者在面对异文化时保持一种多元的文化视角，对其他文化持开放和包容的态度，而不是简单地从自己的文化视角出发，用自己的价值观评价和判断他人。这种宽容和理解的态度，不仅表现在交际者对其他文化的接纳上，还表现在交际者主动为自己的言行提供解释，并积极倾听他人的意见上。具备强大的跨文化敏觉力的人，往往能够理解多种观念，并用多种方式来表达这些观念，这些人对世界有着开放的认知，能够欣赏和接纳不同的文化观点。这种互相理解和尊重的特质，在跨文化交流中表现为对彼此文化的认同。

自适力意味着交际者能够根据不同的交际环境和时间，灵活地调整和适应自己的言行。通常自适力强的交际者更能够敏感地察觉到周围环境的变化和他人的行为，能够迅速捕捉到交际中的关键信息，并根据情境的变化做出相应的调整，以更好地完成交际任务和达到交际目的。

中立的态度是，在跨文化交际中，交际者应当持有一种公正、开放的态度。当与他人进行交流时，交际者能够超越自己的文化背景，主动放下自己的文化定式和思维定式，全心全意地聆听对方的观点和意见。这要求交际者在对话过程中，不仅仅要用耳朵听，更要用心理解对方的语言中所蕴含的文化信息和交际意图。在回应时，交际者应该尽量使用描述性的语言，避免出现评价性和判断性的表达，因为过于主观的评价很可能基于自己的文化价值观，这样容易产生文化偏见。在交流过程中，不打断对方，采用点头、眼神等非言语手段进行互动是展现尊重的重要方式，这样能够增加对话的和谐度，让双方都感到交流的愉悦。

社交的从容则体现了交际者在面对跨文化交际困境时的镇定和泰然。在跨文化交际中，由于文化背景、价值观、习俗等差异，交际困境和挑战是常态。在这种情境下，交际者的心理承受能力和情绪调控能力被严格考验，不显露焦虑情绪，不受交际压力的困扰，能够保持冷静和从容的态度，是每一位成功的跨文化交际者所必备的。这些交际者在面对困境时不会表现出过多的焦虑症状，如出汗、颤抖或言语不流利等。这种从容的心态，有助于交际者更好地面对和解决问题，发掘自己的交际经验和生活经验，以稳健的态度战胜交际上的各种障碍。

（二）跨文化认知能力

戴晓东在《跨文化交际理论》中，对跨文化交际的认知过程，即跨文化意识，进行了深入探究。这一过程的核心包括两个维度：自我意识与文化意识。自我意识可以理解为交际者对自身作为某一特定文化成员的认知，涉及交际者如何自我监控，以及如何感知自己在文化中的位置与身份，这种自我意识让交际者对自身文化背景有更深入的了解和反思。而文化意识则是对于一系列文化规约的理解，这些规约塑造了人们的思维模式和交际方式。换句话说，文化意识关注的是影响人们思维与沟通的文化背景和规定。

跨文化意识是对多种文化现象、规约及模式的洞察和领悟，是对文化的理解，还包括如何根据对方的文化特性调整自己的语言和思维，这种意识进一步产生了跨文化交际的自觉性。值得注意的是，跨文化意识的形成基于跨语言能力，但它又超越了单纯的言语交际，更多地涉及对于非言语交际的深度理解。这种跨文化意识的形成过程，反映了交际者从单一文化认同身份向多重文化认同身份的转化。交际者站在了一个更为广阔、更为中立的“第三文化”的角度，观察和理解全球的各种文化现象。交际者在面对多样化的文化现象和不同的文化语境时，能够灵活应对，确保自己在跨文化交际中处于有利地位。

跨文化认知能力可以划分为两大维度：语言能力和文化能力。简言之，跨文化认知能力涉及对言语交际能力和非言语交际能力的应用与理解。言语交际主要体现在语言的使用中，它是人们语言能力的真实反映，但仅仅依赖言语交际往往会遇到障碍，因为文化背景和内部体系的差异，容易产生误解或盲区，这就涉及文化能力。文化能力是对两种文化深度洞察和理解。非言语交际，如体态语、环境语、客体语及副语言等，携带了丰富的文化信息。这意味着，为了准确解读和处理这些非语言信息，交际者需要具备坚实的跨文化知识基础。在交际中，这两种能力并不是孤立存在的，而是相辅相成的。言语交际虽然直接，但可能因文化的不同而出现误区，这时非言语交际的重要性就显现出来，它能弥补言语交际的不足，确保交际的流畅性。正确结合这两种交际方式可以增加交际的有效性，确保交际双方达到期望效果。

（三）跨文化行为能力

跨文化行为能力也称为跨文化交际的灵巧性，这种灵巧性强调的是交际者展现出的有效交际的技巧和能力。依据戴晓东在《跨文化交际理论》中的说法，交际的灵巧性主要体现为交际者实践交际行为和实现交际目标的能力，包括语言信息和非语言信息，从信息传递、自我展示，到交际行为的灵活性等，都是这种灵巧性的一部分。交际的灵巧性展现了交际者如何利用有限的语言知识进行交际。交际者如果能够熟练和灵活地应用这些技巧，就能够突破语言和文化的界限，成功达到交际的目标。

信息传递技巧涉及根据已知的语言和文化知识，运用适当的交际策略和方法，确保交际信息能够被对方理解。交际者需要有扎实的语言基础和对双方文化的深入了解，基于以往的交际经验，掌握高效的信息传递方法。只有这样，才能最大限度地避免由于信息理解错误和文化误读带来的交际障碍，确保交际过程的流畅。

自我展示技巧则涉及交际者如何以适当的方式向对方展示自己的情感和意图。这种展示在特定的跨文化交际场合中特别重要，因为它不仅需要具有导向性，而且需要与好友和家人之间的随意展示形成对比。交际者在展示自己时必须确保方式自然，并始终考虑对方的文化背景和语言水平，任何不恰当的展示都可能导致对方的冷漠、反感，或者对交际者产生负面的刻板印象。无论是自我展示的技巧，还是信息传递的效率，都直接关系到交际的有效性，恰当的自我展示和准确的信息传递同样反映了交际者跨文化交际的灵巧性。

交际行为的灵活性是交际者在多变的交际环境中，依据交际对方和时机，进行策略性调整并应对各种交际情境的标志。这种灵活性不仅反映了交际者在选择策略时的速度和准确性，而且显示了交际者交际敏感性在实践中的应用。杰出的交际者能够借助巧妙的言语暗示，快速识别对方的身份，并在适当的时机做出调整，从而迅速与对方建立起有效的互动。互动的管理关注交际者如何在交际过程中控制和引导交际的走向，包括如何合理调整交际速度、如何安排话语的次序、如何选择和转变话题。具备高效互动管理技巧的交际者擅长动员场景中的所有参与者，精准地掌握对话的结构，并根据自身及他人的交际需求来设计和转变话题。通常这样的交际者不会轻易打断他人，而会专心聆听，以确保交际目的得以实现，达成预期的交际效果。

二、跨文化能力的影响因素

跨文化能力的影响因素如图 3-1 所示。

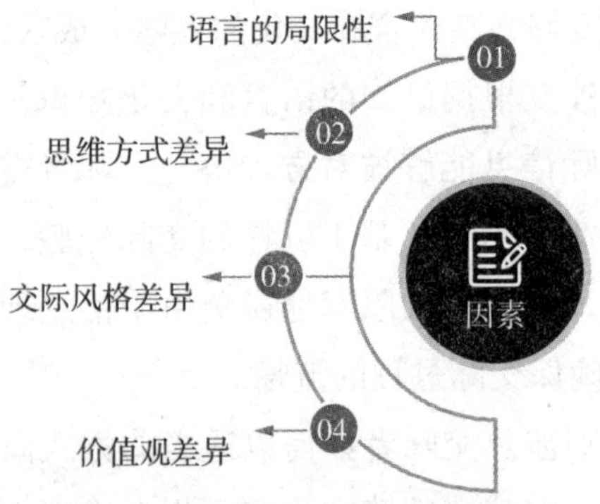

图 3-1　跨文化能力的影响因素

（一）语言的局限性

语言是文化的载体，不同的文化在语言中得到了反映，语言的字面意义并不能完全传达文化的深层含义。每一种语言都有独特的表达方式和习惯用语，这些常常基于特定的文化背景和历史传统。例如，某些词语和表达方式在一种文化中可能非常常见，但在另一种文化中可能没有相似意义的词或可能带有完全不同的含义。这就导致即使使用相同的语言进行沟通，如果不了解背后的文化背景，也可能造成误解。

语言的非文字部分，如语调、口音，也可能造成交流障碍。在某些文化中，语调的变化可能会改变句子的整体意思，而在其他文化中，这种变化可能并不重要。口音也可能让某些词语听起来与原意完全不同，导致沟通困难。这些都表明，尽管语言是交际的工具，但也有局限性，这就需要跨文化交际者具备更高的文化敏感性和语言适应性，以避免误解和冲突。

（二）思维方式差异

认知习惯和思维方式是特定文化环境的产物，这种环境受到生产方式、历史传统、哲学思想、语言文字等多种因素的影响。而在所有这些因素中，语言被认为是最核心的因素，它不仅是人们与世界互动的主要工具，而且在很大程度上塑造了人们的思维方式。语言既是思维的表达方式，也是思维习惯形成的因素。虽然人类的基本认知结构具有普遍性，但由于不同的文化和语言背景，不同人群的思维方式仍然存在显著差异。

语言在某种程度上决定其使用者的思维方式，这被称为语言相对论。一个人使用的特定语言不仅反映了这个人的思维模式，而且语言在很大程度上塑造了这种思维模式。换句话说，语言不仅为人们描述世界，还为人们的思维方式设定了边界。人们之所以有不同的语言，是因为有不同的思维方式，不同的思维方式又为人们提供了不同的语言表达方式。每一种语言都有独特的词汇、句法和结构，这些都影响了使用者对世界的看法。当人们尝试了解另一种语言和文化时，实际上也在尝试理解一种与自己完全不同的思维方式。这也是为什么学习一种新的语言通常被认为是一种开拓思维的方式。

象形文字，如汉字，为中华民族提供了一个独特的思维方式。这种文字系统既是语言的记录，又反映了使用者的思维方式。汉字是一个融合了形象与音韵的文字系统，其中许多字的理解开始于图像识别，这种以图像为基础的感知之后逐步深化到人们对字义的认知。因此，对于汉字的使用者而言，形象思维是一种根深蒂固的习惯。相反，音素文字系统，如英语，没有这种直接的、基于图像的联系，这种文字通过声音传达意义，符号和符号所代表的具体意义之间没有明显的视觉关联。从这种差异中也可以看出为什么汉语和英语在句法和词语结构上有所不同。汉语是一种无标记的语言，缺少严格的形态变化，更注重意义而非形式。汉语的句子通常需要通过上下文、文化背景和说话者的心态来理解，这种依赖于环境和文化背景的特性使得汉语更加“人治”。相比之下，英语具有丰富的形态变化，句法结构明确，以逻辑为导向，这种语言的“法治”特性可以从它的句子结构中看出：以动词为核心，各成分之间的逻辑关系清晰，层次分明。这种句法结构的严格性使得英语表达更为客观，有着扎实的形式逻辑基础。因此，汉语为使用者提供了一个基于图像的理解方法，使汉语的使用者更容易形成形象思维。而英语作为音素文字，培养了使用者在解读和表达时更加明确的习惯。中国人在习得汉语的过程中，由于汉字符号的特性，容易形成以形象思维为主的习惯，而使用英语的人，在英语习得的过程中，由于文字的特性，倾向于形成以逻辑为导向的思维方式。最终，这两种不同的语言结构和文字系统塑造了两种截然不同的思维方式：汉语为中国人提供了一种形象、直观的思考模式，而英语则为其使用者提供了一种严格、逻辑的思考方法。这两种不同的思维方式不仅在日常交流中体现出来，也在文学、艺术和其他各种文化表现中反映出来。

（三）交际风格差异

交际风格是指在特定文化背景下，人们沟通和表达思想感情的独特方式和习惯。这些风格由多种因素塑造，包括历史、地理、宗教、哲学和文化传统等。不同的文化有独特的交际风格，这经常导致跨文化交际中的误解和挑战。

某些文化倾向于使用高情境的交际风格，这意味着许多信息是隐含的，需要通过语境、表情和非言语手段来解读。与之相反，其他一些文化则更偏向于低情境的交际风格，信息主要通过言语直接表达。

交际风格的差异不仅基于地理或民族文化，也可能在一个国家的不同社会或经济群体中存在。例如，商业界和学术界之间、城市和乡村之间，以及不同年龄段的人群之间可能有不同的交际风格。一个典型的例子是，在商业会议中，直接和简洁可能是首选的沟通方式，而在学术研讨会上，详细的分析可能更受欢迎。

（四）价值观差异

价值观差异主要表现在人们对于事物的重要性的认识上，这种差异可能涉及时间观念、工作观念、家庭观念、道德观念等多个方面。

价值观差异可能导致交流双方对于彼此的行为和言语解读存在偏差。在一些文化中，直接表达自己的想法和感受被认为是一种诚实和坦率的表现，而在另一些文化中，含蓄和委婉的表达则被视为礼貌和尊重他人的方式。

要提升跨文化能力，人们就要学会理解和尊重不同文化背景下的价值观差异，努力找到共同的交流基础，以达到更好的沟通效果。这要求人们具备一定的文化知识和语言能力，还需要具备开放的心态，学会从对方的角度看待问题，尊重对方的文化背景和价值观，以此来减少文化差异带来的障碍，促进跨文化交流的顺畅进行。

三、跨文化能力的功能

（一）有利于跨文化思维方式的培养

跨文化能力不只是对不同文化背景下的行为和习惯的理解和适应，从更深层次上来看，它还涉及思维方式的培养。在全球化的背景下，人们与来自不同文化背景的人进行交往和合作已经成为常态，因此，拥有跨文化思维方式对于有效的沟通和合作至关重要。

培养跨文化思维方式能够帮助人们拓宽视野，使人们更加包容。每一种文化都有其独特的价值观和行为习惯，通过跨文化的学习和交往，人们可以更加深入地了解和欣赏这些差异，避免因文化误解而产生冲突和障碍。跨文化思维方式鼓励创新和多元化的思考，面对复杂的问题，单一的思维方式往往难以找到有效的解决方案，而跨文化思维方式则能够为人们提供多种视角和方法，从而使人们更有可能找到创新和有效的策略。此外，跨文化思维方式还有助于提高人们的批判性思考能力，在与来自不同文化背景的人交往的过程中，人们会不断地对自己的价值观进行反思和审视，从而更加明确自己的立场和观点。

（二）有利于跨文化行为的规范和交际技巧的提升

第一，跨文化能力的提升能够帮助人们更好地了解和适应不同文化的行为准则和规范。行为准则和规范是文化的重要组成部分，体现了一个文化群体的价值观和生活方式。在不同的文化背景下，人们的行为准则和规范可能会有很大的差异。例如，在一些文化中，直接的语言表达和坦率的沟通方式是被鼓励和被接受的，而在另一些文化中，间接的语言表达和委婉的沟通方式则是更为常见和受欢迎的。如果人们不了解、不适应这些不同的行为准则和规范，就可能在跨文化交际中产生误解和冲突。跨文化能力的提升也体现在对不同文化行为准则和规范的尊重上，尊重是跨文化交际的基础，人们在了解和适应不同文化的行为准则和规范的同时，也应当尊重这些准则和规范，以及它们背后所代表的文化价值观和生活方式。通过尊重，人们可以更好地融入不同的文化环境，实现有效的跨文化交际。

第二，跨文化能力的提升有助于提升人们的跨文化交际技巧。语言是沟通的基础，也是文化的载体，每一种语言都有独特的文化内涵和表达方式。在跨文化交际中，人们需要深入学习和掌握不同的语言，理解文化背景和语境，这样才能更有效地与来自不同文化背景的人进行交流。这既包括语言文字的理解和运用，也包括语调、语气和修辞等方面的把握。另外，在跨文化交际中，非言语交际同样扮演着重要的角色。不同文化背景下的人在非言语交际，如手势、面部表情、眼神交流等方面存在差异，这些非言语交际方式往往能够反映出人们的情感、态度和价值观等。因此，人们在跨文化交际中需要学会理解和运用不同文化背景下的非言语交际规范，这样才能更准确地传达和接收信息，避免因文化差异而产生误解。

第二节　跨文化能力培养的必要性

在当今教育背景和社会环境下，培养大学生跨文化能力非常必要，主要表现为以下几个方面，如图 3-2 所示。

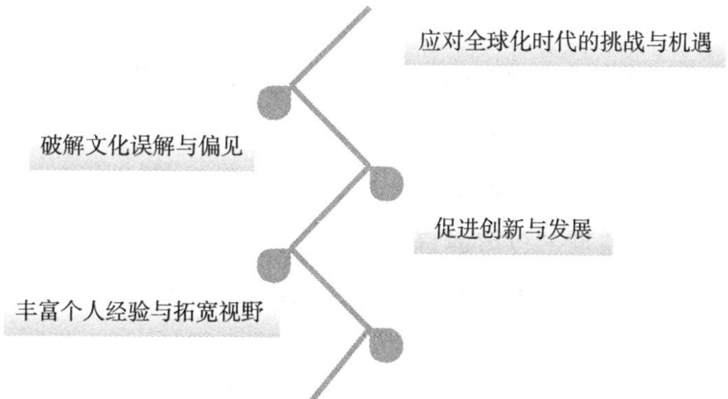

图 3-2　跨文化能力培养的必要性

一、应对全球化时代的挑战与机遇

全球化时代带来了巨大的挑战，随着不同国家、不同文化之间的交流日益增多，人们面临着由文化差异而导致的沟通壁垒，缺乏跨文化能力可能导致误解甚至合作失败。例如，在国际商务领域，文化差异可能导致不同的商业实践和价值观，影响商业谈判和合作关系。在这种情况下，拥有跨文化能力的人能够更好地理解并尊重他人的观点，有效地协调利益，取得更好的合作结果。

全球化也为人们带来了广阔的机遇，跨文化能力使个人能够更好地适应多元文化环境，开拓更广泛的视野。通过理解和欣赏不同文化的差异，人们能够更好地参与到国际合作、学术交流和文化交往中，拓展自己的人际网络，获取更多的信息和资源。在国际化的求职市场上，拥有跨文化能力的人更受雇主青睐，因为这样的人才能够适应多样化的工作环境，能够更好地与国际合作伙伴开展合作。

二、破解文化误解与偏见

（一）破解文化误解与偏见的原因

每一种文化都有其独特的价值观、习俗和传统，这些经过长时间的演化形成并深深地根植在人们的心中。人们在与来自其他文化背景的人接触时，由于缺乏对该文化的了解，往往会产生误解。人们有时也会为了维护自己的文化认同而对其他文化持有偏见。这些偏见可能源于历史的冲突、社会的刻板印象或媒体的误导。

文化误解与偏见不仅可能导致沟通的障碍，还可能导致更严重的社会纠纷。例如，商业交往中由于文化误解导致的合同纠纷等。

（二）跨文化能力培养在破解文化误解与偏见方面的作用

1. 为全球化的社会提供适应力

通过系统地学习和理解其他文化的价值观、习俗、历史和传统，个体可以更好地适应不断变化的全球化环境。具备跨文化能力的人能够超越自己的文化框架，更为开放地看待和接纳其他文化，避免由于文化误解或偏见导致的冲突。例如，对于某一文化中的特定习惯或传统，人们不会仅从自己的文化角度进行判断，而会尝试理解该文化背后的文化逻辑和历史背景。

2. 促进文化交流与和谐共处

跨文化能力不仅仅是帮助个体适应全球化环境的工具，更是促进各种文化交流和和谐共处的桥梁。人们具备了跨文化能力，就会更加珍视每一次与其他文化的交往机会，将这种机会视为了解、学习和成长的途径。这种开放和包容的态度将大大减少因文化误解和偏见而引发的冲突。

培养跨文化能力可以帮助个体建立更加真实、深入的跨文化关系。这些关系不仅能够丰富个体的生活经验，还有助于传播和推广文化的多样性和共通性。例如，具备跨文化能力的人在与来自其他文化背景的人交往时，会更加注重双方的沟通与理解，而不是单纯强调自己的观点。这种互相尊重和欣赏的态度，将大大促进各种文化在平等和和谐的基础上共同发展和进步。

三、促进创新与发展

跨文化能力促进创新与发展，可以从以下四个角度来解读。

（一）提供多元化的视角与思维

跨文化能力的培养意味着个体不是局限于自己文化的视角，而是能够深入了解和欣赏其他文化中的价值观、思维方式和行为习惯。这种能力使得人们在面对问题和挑战时，可以借鉴和结合多种文化的智慧，提供更为丰富和创新的解决方案。例如，一名产品设计师在了解亚洲和欧洲的消费者习惯后，可以设计出更贴近不同市场需求的产品。

（二）激发创造力与灵感

多文化环境中的交流和合作为个体提供了无尽的创意和灵感来源，不同的文化背景、经历和视角往往能够碰撞出意想不到的火花。例如，音乐、艺术和文学领域中的跨文化合作往往能够产生令人耳目一新的作品。通过培养跨文化能力，个体能够更加敏感地捕捉到这些灵感，并能有效地将灵感转化为实际的创意输出。

（三）扩展全球市场与合作机会

在经济全球化的今天，跨文化能力不仅是个体适应多元化环境的工具，更是企业和机构开拓国际市场和建立合作伙伴关系的关键。具备跨文化能力的员工和团队能够更加有效地与来自不同文化背景的客户沟通，理解客户的需求和期望，从而为企业创造更大的价值。例如，一家跨国公司在进入新的市场时，如果能够充分了解当地的文化和消费习惯，就可以采用更加精准的市场策略，提高营销成功率。

（四）强化团队协作与管理效能

在多文化背景的团队中，成员由于具有不同的价值观、沟通风格和工作习惯，可能会产生摩擦和误解。团队成员如果具备跨文化能力，就可以更加尊重和理解彼此的差异，有效避免冲突，从而提高团队的协作效率和创新能力。例如，一个由来自不同文化背景的专家组成的研究团队，在面对复杂的问题时，各成员可以结合各自的专业知识和文化经验，提供更为全面和深入的分析。

四、丰富个人经验与拓宽视野

（一）拓展心灵的边界

跨文化能力的培养使得个体有机会直接或间接地接触并了解不同的文化背景、习俗和价值观，深入的文化探索有助于人们拓展心灵的边界，让人们认识到自己生活的世界只是浩渺宇宙中的一小部分。例如，一名欧洲青年首次访问亚洲，并亲身体验亚洲古老的传统，其可能会对生活、死亡、宇宙和存在的意义有全新的认识。这样的经验不仅丰富了这名青年的旅行记忆，更为其打开了一扇通往更深层次思考的大门。

（二）提升生活品质与满足感

深入了解和体验其他文化，可以为个体提供丰富的知识和经验，更可以为个体带来深层次的满足感和生活品质的提升。跨文化体验往往伴随着新的食物、音乐、艺术和节日，这些新鲜的体验可以为人们的日常生活带来无尽的乐趣和惊喜。例如，一名美食爱好者在旅行中尝试了不同国家的特色美食后，不仅丰富了自己的味蕾体验，还可以在回到家后尝试制作，为家人和朋友带来味觉冒险。

（三）助力个人职业生涯发展

在许多行业和领域中，跨文化能力被视为一项宝贵的资产。对于员工而言，具备跨文化能力意味着可以更加有效地与来自不同文化背景的同事、客户和合作伙伴沟通和合作，为企业和机构创造更大的价值。这有助于增强个人在竞争激烈的职场中的竞争力，以及为个人提供更多的职业机会和发展空间。

第三节　跨文化能力的测试、评估与反馈

一、跨文化能力的测试

跨文化能力测试应当以一定的规范为参照，主要包括以下内容。

（一）考试目的与类型

明确考试目的是关键。进行水平考试还是其他类型的测试，这决定了考试的难易程度和重点。例如，确定测试水平，是针对初级、中级还是高级的跨文化能力，每一个层次都有特定的要求和重点。

（二）考试范畴

跨文化能力包括多个层次，如果是测试初级的跨文化能力，那么文化知识的部分应当占较大的比重，而如果是高级能力的测试，文化理解和文化表现的题目所占的比重应该更大。这意味着考试的范畴需要根据考试目的进行调整和设计。

（三）考试对象

考试对象至关重要，了解考生的背景和需求可以确保考试的内容、难度和形式与考生的实际能力相匹配，确保考试的公正性和针对性。

（四）考试内容

考试内容需要具有代表性，所选材料应当是学生在实际跨文化交际中可能遇到的情境和问题。特别是当考试成绩被用作评估学生实际能力的时候，考试内容应该是学生真实交际过程中所能接触到的。

（五）考试素材的篇幅

不同水平的考试对材料的篇幅有不同的要求，命题人员应选择适中的篇幅，确保既不过于简单，也不超出学生的处理能力。

（六）考试的信度和效度

在确定考试方式时，考试的信度和效度是不可或缺的两个方面。考试不仅要有效地检测学生的技能或能力，还要确保结果是可靠的。因此，直接和间接相结合测试的方法常被视为一个可行的策略。

（七）考试任务或题型

在考试方式确定后，接下来的任务是设计具体的考试任务或题型。其中，一部分题目应该直接测试学生的跨文化能力，这可以确保考试结果真实反映学生实际技能水平。另一部分题目可以通过间接的方式来测验学生的理解和应用能力。

（八）试题的权重分配

试卷的结构和各部分的分值是考试设计的关键部分之一，考试的目的和方式决定这些是如何分配的。例如，如果目标是直接检测学生的跨文化能力，那么与此相关的部分应占有较大的比重，以反映出此部分内容在整个考试中的重要性。直接测试主观题型可能导致得分的不稳定性，为了平衡这种不稳定性，应分配给客观题型一定比例的分数。

（九）考试时间分配

确定考试时间需要仔细评估学生答题所需的时间，由于主观题型需要更多的思考和答题时间，主观题型的时间分配应该多于客观题型。同样，应用和分析题型所需的时间也应多于识记和领会的题型，以确保学生有充足的时间进行深入思考。

（十）考试管理

明确的考试管理步骤和规则是进行考试的基础，这不仅可以确保考试的流程顺利进行，还可以确保所有学生在相同的条件下参加考试，从而提高考试的公正性。

（十一）考试命题细目表

为了确保考试的整体一致和结构清晰，制作一张详细的考试命题细目表是必要的。这个细目表可以概括所有考试规范中的要点，为跨文化能力的试卷命题提供一个明确的参考框架。

二、跨文化能力的评估与反馈

（一）确定评估目标

1. 特定文化与多元文化的评估

有些评估可能专注于某一特定文化群体，如对西方或东方文化的理解。这样的评估通常更为具体和深入，目的是确保受试者对该文化群体有深入的了解和较强的适应能力。而多元文化的评估则更为广泛，旨在评估受试者是否具备在多种文化背景下交际的能力。这需要受试者不仅了解各种文化的基础知识，还能够灵活地在不同文化背景下交往。

2. 评估目标与后续工作的关联

明确清晰的评估目标对后续的评估工作具有指导作用，评估目标不仅指导评估内容的选择，还影响评估方法、工具和标准的确定。例如，对初级跨文化能力的评估可能更多地使用选择题和基本情景模拟，而对高级跨文化能力的评估可能更侧重于深入的访谈和复杂情境的角色扮演。明确的评估目标还有助于确保评估结果的公正性和客观性，避免由于目标不清导致的评估误差。

（二）选择适当的评估工具

1. 常见评估工具的特性

在跨文化能力的评估中，多种工具得到了广泛应用。问卷调查通常用于量化评估，可以在短时间内快速收集大量数据。特别是当需要评估较大范围群体的跨文化能力时，问卷调查结构化且可以通过数字方式呈现，方便统计和分析。模拟交际情境和角色扮演则更多地侧重于实践应用，可以模拟真实生活中可能遇到的跨文化交际挑战，观察和评估受试者的实际应对策略。深度访谈则为评估者提供了一个机会，直接了解受试者的观点、态度和经验，从而获得更为丰富和具体的信息。

2. 评估工具的优点与局限性

每种评估工具都有其独特的优点。问卷调查的标准化使其结果具有较大的可比性，而模拟交际情境和角色扮演则可以真实反映受试者的跨文化交际技巧。深度访谈具有非结构化的特点，能够挖掘出受试者深层次的思考和感受，为评估者提供了宝贵的信息。然而，每种工具又都有其局限性。例如，问卷调查可能无法全面捕捉到复杂的跨文化能力，而模拟交际情境和角色扮演可能存在与真实情境的偏差。深度访谈虽然内容丰富，但需要较长时间并且难以量化。

3. 根据评估目的选择工具

选择适当的评估工具与评估目的紧密相关。如果评估目的是了解较大范围群体的基本跨文化认知，那么问卷调查可能是最佳选择，而如果评估目的是评估个体或小组在实际情境中的交际技巧，那么模拟交际情境和角色扮演可能更为合适。对于需要深入了解受试者思维模式和情感的评估，深度访谈是不可或缺的工具。因此，明确评估目的和要求，有助于评估者选择最合适的工具，从而更准确、更全面地评估受试者的跨文化能力。

（三）注意评估的公正性和客观性

1. 评估中的潜在文化偏见

评估跨文化能力的一大挑战是避免文化偏见，这些偏见可能来源于评估者的个人背景、教育经历或对某一文化的主观看法。例如，评估者可能会因为对某一文化的刻板印象或误解而对受试者进行不公正的评价，这不仅可能导致评估结果失真，而且可能伤害到受试者的自尊和自信。因此，避免文化偏见是评估跨文化能力时的首要任务。

2. 选择经过验证的评估工具和方法

为确保评估的客观性和公正性，选择经过充分试验和验证的评估工具和方法至关重要。评估工具和方法应该在多个文化背景和环境下进行测试，以确保可靠和有效。评估工具和方法应该包含来自不同文化背景的代表性样本，以确保广泛性和适用性。评估工具和方法的设计者应当深入了解被评估文化，以确保评估内容与被评估文化的实际情况相匹配。

3. 避免过度的文化解读和归类

评估结果的解读是评估过程的最后一步，评估者需要谨慎对待评估结果，避免因为某些文化特点而对受试者进行过度归类或解读。例如，一个人在某一评估项目上的表现可能与个人经历或教育背景有关，而不仅仅取决于文化背景。过度的文化解读可能导致误解和刻板印象的加深。评估者需要具备跨文化敏感性，确保评估结果的准确性和公正性。

（四）反馈与持续改进

1. 反馈的重要性与作用

在评估跨文化能力后，及时的结果反馈起到了桥梁的作用，连接了评估者与受试者。这一环节不仅关乎评估的完整性，更体现了评估的真正价值。反馈可以帮助受试者更深入地了解自身在跨文化交际中的表现，包括自己的长处与待改进的地方。具体、明确且具有建设性的反馈能够激励受试者持续进步，也可以指导受试者在跨文化交际中如何更加得体、有效地行事。

2. 评估的动态性与持续改进

评估跨文化能力并非一次性的任务，而是一个持续的过程。随着社会的发展、科技的进步以及文化交流的日益增多，跨文化交际的环境也在不断变化，因此，评估方法和工具必须具有一定的灵活性，能够随着时代的进步而不断进行修正和完善。例如，随着互联网和社交媒体的普及，线上的跨文化交际变得越来越重要，这就需要评估工具能够覆盖到这一新的交际环境。持续的改进还可以基于之前评估的经验，如评估者在过去的评估中可能会发现某些方法或工具在实际应用中的不足，这就为评估方法的进一步改进提供了方向。

3. 构建有机的评估与反馈生态

确保评估结果的有效性需要构建一个有机的评估与反馈生态，评估者、受试者以及其他相关方都应参与到这一过程中，共同推动评估的完善。例如，受试者可以提供关于评估方法和工具的反馈，帮助评估者了解这些方法和工具在实际应用中的效果；其他相关方，如教育机构、企业或政府部门，也可以提供宝贵的建议和支持，帮助完善评估体系。定期的评估培训和研讨也是必要的，这能够帮助评估者不断提高自己的专业水平，更好地适应不断变化的跨文化交际环境。

第四节　跨文化能力培养的路径

培养跨文化能力可以从以下几个方面入手，如图 3–3 所示。

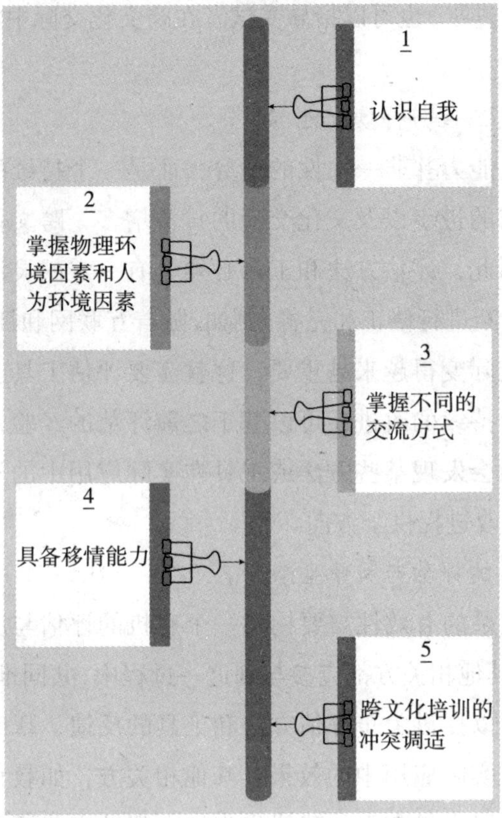

图 3-3 跨文化能力培养的路径

一、认识自我

（一）了解自身文化

自身文化是每个人从小到大逐渐吸收和内化的一系列观念、价值等，它深深地影响着人们的思考方式、行为习惯、价值观念和情感反应。很多时候，这些都被人们视为理所当然，因为自身文化已经与人们的日常生活融为一体。然而，当与来自不同文化背景的人交往时，这些深层次的文化规范和习惯往往会成为交流的障碍。因此，了解自身文化意味着更加明确地认识到这些内化的价值观和行为方式，并能够在需要的时候，进行批判性的反思。

了解自身文化还为人们提供了一个强大的工具，帮助人们更好地理解和欣赏其他文化。人们只有清晰地知道自己从哪里来，才能更有深度地理解其他文化背景和差异。这为人们提供了一个基石，使人们在面对外部文化差异时，能够保持冷静和理性。人们在了解并珍视自己的文化传统和价值时，也更有可能对其他文化持开放态度，并展现出真正的包容和尊重。

（二）了解自己的情感态度

情感态度是由人们过去的经验、文化教育等共同塑造的，情感态度可能是积极的、中立的，也可能是消极的。例如，某人可能由于过去的经验而对某一文化持有强烈的情感偏见，或者受到家庭、学校、社会的影响而对某些文化形成固定的看法，这个人在与来自其他文化背景的人交往时，持有这种情感态度可能影响其自身的反应。个体只有在了解自己的情感态度后，才更有可能意识到自己的反应，并在必要时进行调整。例如，一个意识到自己对某一文化有消极偏见的人，可能会更加努力地倾听、理解和反思，从而避免误解或冲突。对自己情感态度的了解也可以帮助个体寻找自己与来自不同文化背景的人交往时的共同点，而不是差异点，从而更好地建立跨文化关系。

（三）了解自己的交际风格

每个人都有自己独特的交际风格，这种风格在很大程度上是由所处的文化环境塑造的。在人际交往中，交际风格主要体现在言语、非言语行为和社交礼仪上。例如，某些文化中的人可能更倾向于直接、坦诚地表达自己的想法和情感，而其他一些文化背景的人可能更善于用含蓄的方式来传达信息。同样，身体语言、目光接触和肢体接触在不同的文化中也有不同的含义。了解自己的交际风格可以帮助个体意识到自己可能会如何被他人解读，并使个体相应地调整自己的行为以更好地与他人沟通。

了解自己的交际风格还可以提高个体的沟通效率。人们知道自己在沟通中的长处和短处，就可以更有针对性地发挥自己的优势，并努力弥补自己的不足。例如，一个知道自己在交际中过于直接的人可能会学习如何更加细致和耐心地表达自己，以避免可能的误解或冲突。

（四）自我观察

自我观察是对自己的行为、思考和情感的持续、有意识的关注。自我观察的首要步骤是意识到自己的行为和反应，并在日常生活中时刻保持这种意识。例如，当与来自不同文化背景的人交往时，个体可能会发现自己对某些事情有强烈的反应，通过反思这些情况，个体可以认识并理解文化背景是如何影响自己看待世界和与他人的交往的。自我观察不是一个被动的过程，为了更深入地了解自己，个体可以主动探索自己的文化背景和价值观，这可以通过与他人交流、读书、旅行或参与不同的文化活动来实现。通过这些经验，个体可以更好地理解自己的文化观念如何塑造自身世界观，以及如何与其他文化观念相互作用。在跨文化交际中，自我观察的持续将使个体更有能力理解和尊重，并与来自不同文化背景的人建立有效的关系。

二、掌握物理环境因素和人为环境因素

（一）时间概念

具备高效交际能力的人深知在适当的时机探讨恰当的话题的价值。例如，在单一时间取向的文化中，如美国，时间的准确性和效率是重要的。这种文化注重直接性，故谈判和沟通方式往往更直接。人们预约会面时，通常会严格遵守约定时间，并期望他人也这样做，如果有人迟到，迟到者通常会向其他人道歉。与此相反，在多向时间取向的文化中，约会的时间可能更为灵活，而在正式约定之前，确认时间的安排是十分必要的。

明白这种时间观念上的差异对于确保沟通的流畅性和建立良好的人际关系是至关重要的。

（二）物理环境

每种文化背景下的人都有独特的沟通习惯和规则，这些通常与其生活的物理环境关系紧密。比如，生活在开放空旷地区的人可能更倾向于远距离沟通，而在拥挤的都市中，人们可能更习惯于近距离交往。这些细微的差异，往往都与人们所处的物理环境有着不可分割的关系。

时空语境在非言语交际中尤为关键。例如，不同文化背景下的人对于时间的感知和尊重可能存在显著差异。在某些文化中，准时被视为尊重和专业，而在其他一些文化中，人们对时间的态度可能更加宽松，迟到被看作一种社交礼仪。同样，空间距离、身体接触等也会因文化和物理环境而有所不同。为了有效、得体地进行交流，了解和适应这些非言语沟通规则至关重要。人们要深入探索文化背后的含义和文化与物理环境之间的关系，从而为跨文化交际打下坚实的基础。

（三）习俗

习俗作为文化的生动体现，深刻揭示了一个社会或民族的深层次价值观和行为习惯。每一个习俗，不论其表面多么简单或复杂，背后都蕴含了丰富的历史、传统和文化意义，这些仪式和活动往往经历了数代人的传承，成为一种集体的记忆和身份的标志。一个特定的文化或社群的习俗不仅仅是日常的行为模式，更是这一群体对世界的理解、价值观的传达和社群身份的确认。不属于该文化背景的人理解和适应这些习俗可能是一个巨大的挑战。一个简单的握手、鞠躬或目光交流，在不同的文化背景下都可能带有不同的意义。误读这些非言语信息可能导致误会或文化冲突，要真正适应和融入一个新的文化环境，就要深入理解和尊重当地的习俗和传统，努力感受文化背后的历史深度。

三、掌握不同的交流方式

到一个陌生的文化环境中生活或工作，不可避免地需要与其他文化背景的人进行交际，因此应当掌握这种文化的信息系统，方式主要包括以下两种。

（一）学习语言

学习语言不只是掌握词汇、语法和句型，更重要的是，通过学习语言，可以更深入地理解这种语言所代表的文化背景、历史和哲学。每一种语言都有独特的表达方式和思维模式。例如，一些语言可能更侧重于描述事物的状态，而其他一些语言可能更注重行动和结果。这反映了使用这种语言的人的思维方式，也揭示了这一语言使用者的文化背景和价值观。掌握一门外语可以为跨文化交际打开新的大门，当与来自不同文化背景的人交往时，如果使用对方母语进行交流，这无疑会增加彼此的亲近感，深化彼此的理解，并建立更为稳固的关系。此外，语言也是认知世界的工具，通过学习不同的语言，人们可以从不同的角度看待世界，更为全面地理解和评价事物，这种多角度的思考方式对于跨文化能力的培养是至关重要的。

（二）学习非言语交际系统

非言语交际在各个文化中都有特有的表达方式。例如，某些文化可能更注重眼神交流，认为直视对方的眼睛是真诚和尊重的体现，而其他一些文化可能认为这是一种侵犯或挑衅。同样，身体接触在某些文化中是友好和熟悉的表示，但在其他一些文化中可能被视为不恰当或过于亲昵。这些差异可能会导致误解，甚至可能引起冲突。因此，理解并掌握目标语言文化中的非言语交际规则是非常重要的。

非言语交际不仅仅包括动作和表情，还包括时间、空间和物理环境等方面。对于时间的看法、个人空间的定义以及与物理环境的互动都是非言语交际的一部分。例如，在某些文化中，迟到可能被视为对对方的不尊重，而在其他一些文化中，稍微迟到可能被视为正常情况甚至是一种礼貌。对于空间，不同文化对于个人和公共空间的界定可能会有所不同，这会影响到人们在公共场合的行为和互动。了解这些非言语交际规则和习惯，能够帮助人们更加自如地进行跨文化交际，避免误解和冲突，从而使人们更好地融入和适应不同的文化环境。

四、具备移情能力

跨文化交际并不仅仅是理解和使用不同的语言，在深层次上，它要求人们能够理解并感受其他文化背景下人们的情感和观点，这就需要人们具备移情能力。移情，简单来说，是将自己置于他人的立场上，尝试从他人的角度来看待问题，理解他人的情感和动机。在跨文化交际中，当面对与自己文化背景截然不同的人时，只有通过移情，才能真正理解他人的想法和感受。例如，一个有西方文化背景的人可能难以理解东方文化中家庭的重要性和个人对家庭的责任感，但是，通过移情，其可以尝试理解东方文化中的家庭观念，感受家庭成员之间深厚的情感纽带，从而更加尊重和欣赏这种文化特色。

但是，移情能力并不是与生俱来的，需要培养和练习，要培养移情能力，首要的是放开心态，愿意听取和接受与自己不同的观点和感受。在日常生活中，多与来自不同文化背景的人交往，尝试理解这些人的习惯和观点，是培养移情能力的有效方法。此外，阅读关于不同文化的书籍、观看关于不同文化的电影、参加文化交流活动，都可以帮助人们更加深入地了解和体验其他文化，增强自己的移情能力。

五、跨文化培训的冲突调适

跨文化培训与跨文化交际学之间存在着密切的联系，这种培训是为了帮助那些前往异国他乡的人更好地融入不同的文化环境中，高效地工作，与遇到的不同文化背景的人建立友好的关系。实际上，跨文化培训可以被视为跨文化交际学的实际应用，它将学术研究与实践相结合，为学习者提供了一个更具针对性和实用性的体验。跨文化培训在理论和实践方面都做了大量工作，专家为此付出了很大的努力，从研究理论到课程设计，再到教学方法，都让这种培训更加贴近实际，更有利于满足学习者的实际需求。可以说跨文化培训为跨文化交际学的发展和研究做出了巨大的贡献，它在一定程度上丰富了这一学科的内容，也推动了这一学科在实际操作层面的探索。为了更好地适应不同的文化环境，培训者需要对文化调适过程、跨文化交际环境、培训方法等进行深入研究，确保培训内容和方式真正能满足学习者的需求，帮助学习者在不同的文化背景中更好地生活和工作。

跨文化培训的目的是让学习者从属于自己的文化身份转变为目标语言文化的身份，这并不意味着要完全摒弃自己的文化背景，而是在保持自己的文化特性的基础上，更好地融入新的文化环境。实际上，很多移民在到达新的国家后，希望能够保留自己的文化特色，因为这是其身份的一部分，也是其精神上的支撑。但是，这些移民也需要学习和适应新的文化，以便更好地融入当地的社会。

那些需要在国外生活和工作的学生、外交官、商务人员和军人对跨文化培训的需求是非常具体和实用的，这些人希望在保持自己的文化身份的同时，能够学习和了解新的文化，掌握两种文化的差异和相似之处，提高自己在新文化环境中的交际能力。这样，这些人就可以更快地适应新环境，为自己的学习和工作打下坚实的基础。

第四章　基于跨文化能力培养的高校英语教学实施路径

第一节　基于跨文化能力培养的英语词汇教学

一、英语词汇教学的内容

（一）词汇的意义

母语与目标语之间的不同会导致一些词语在两种语言中具有不同的内涵与外延，这主要归因于词汇意义与语境之间的深刻关系，随着语境的变化，词汇的具体含义也会发生变化。在进行词汇教学时，重视语境的作用变得尤为重要，因为它能帮助学生更准确地理解和使用词汇。

以下面的例子为说明：

a slippery friend　不可靠的朋友

a slippery road　路面湿滑

dive into a book　深入阅读一本书

dive into a project　投身于一个项目

dive into a plate of pasta　大快朵颐地吃意大利面

从这些例子中可以明显看出，相同的单词在不同的语境中呈现出不同的意义。slippery 不仅仅用于描述路面的状态，当用于描述人时，它意味着不可靠或不诚实。而 dive 不仅仅是物理上的动作，也可以用于描述某人投入或专注于某个活动或任务。

（二）词汇的用法

在英语词汇教学中，单纯地向学生传授单词的定义是远远不够的，更关键的任务是使学生能够灵活并准确地运用这些单词。学生不仅要了解每个单词的意思，还要熟悉与之相关的各种用法，如单词的搭配、短语、习语和不同的语言风格。以 cool 为例，当人们提到天气时，cool 的基本含义是“凉爽的”，但在日常对话中，当人们说“Wow,that’s a cool dress!”，这里的 cool 是用来描述一件事物很新颖或正流行。

单词搭配是英语学习中的一个核心部分，因为很多时候，单词的意思会根据与之搭配的其他单词而发生变化。这就要求学生在实际交流中选择适当的搭配。例如，listen 和 hear 都有与“听”相关的意思，但在实际应用中，人们会说“listen to music” 而不是“hear to music”。同样，有些短语和习语的形式和结构极为相似，但意义大相径庭。例如，“in the mood”意为“有心情”，而“in a mood”则意为“情绪不好”。

（三）词汇的信息

每个单词都带有丰富的信息，包括词性、词缀、拼写和发音等基本属性。当深入研究时，人们会发现这些信息是如何互相联系，以及如何影响这些单词的使用方式的。

词缀是英语单词的重要组成部分，它们赋予单词特定的含义。例如，夸克（Quirk）1985 年在《英语语法大全》中指出，英语的词缀可以分为前缀和后缀两大类。他将前缀分为九大类，总计有 51 个；将后缀分为四大类，总共有 50 个。这些词缀在构词中起着关键的作用，可以帮助人们理解单词的深层含义，并预测其在句中的用法。

拼写和发音是英语词汇学习的另一个核心部分，英语是一种拼音文字，这意味着单词的读音和拼写形式密切相关。为了有效地掌握单词，学习者需要探索每个字母的读音规则，并努力在单词的拼写和读音之间建立联系。这种对应关系的建立可以帮助学生更好地理解并记住单词的发音和拼读，从而提高他们的语言能力。

（四）词汇的语法特点

词汇的语法特点，是英语词汇学习的另一个重要领域，它包括名词是否可数、动词是否需要宾语以及及物动词的句法结构等。为了正确使用词汇，学习者需要了解这些语法特点。例如，他们需要知道某个动词是否接不定式、动名词或复合宾语，以及如何正确地放置副词短语。这些规则不仅帮助学生构建语法正确的句子，还确保他们的表达更为精确和清晰。

二、英语词汇教学的目标

学习英语词汇不能只了解词汇的含义，还应明白如何使用词汇，也就是培养词汇能力，这也是大学英语词汇教学的重要目标。

《大学英语课程教学要求》明确了大学英语词汇教学的目标，对非英语专业大学英语词汇教学提出了三个层次的要求，具体如下。

一般要求：总词汇量应达到 4795 个单词和 700 个词组，其中 2000 个单词为积极词汇，要求学生能够在认知的基础上学会熟练运用，包括口头表达以及书面表达两个方面。

较高要求：总词汇量应达到 6395 个单词和 1200 个词组，其中 2200 个单词为积极词汇。

更高要求：总词汇量应达到 7675 个单词和 1870 个词组，其中 2360 个单词为积极词汇。

三、英语词汇教学的原则

为了培养学生的跨文化能力，在进行英语词汇教学时应当遵循以下几个原则，如图 4-1 所示。

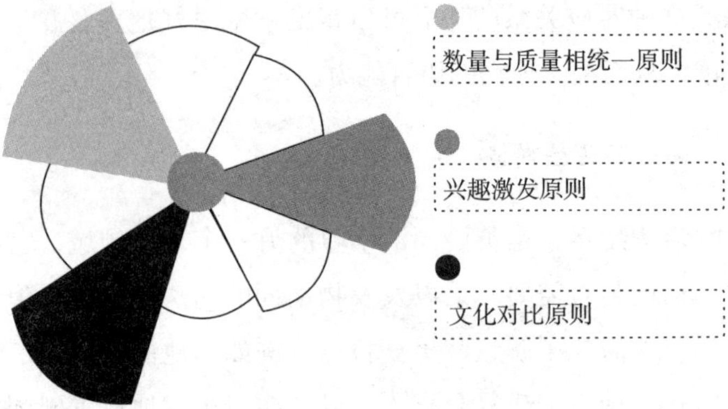

图 4-1　英语词汇教学的原则

（一）数量与质量相统一原则

英语词汇教学的核心目标是确保学生不仅能够掌握大量的单词，还能够精确、恰当地使用这些单词。数量与质量的统一原则着重于这两个关键要素的平衡，强调了单词数量的重要性和对单词深入理解的必要性。

无论是日常交流，还是学术写作，一个词汇量丰富的词汇库能使表达更为丰满、准确，越大的词汇量意味着越多的选择，为描述复杂的情景和情感提供了越多的可能性。数量上的积累也是提高语言能力的基石，能够帮助学生更流利、自信地交流。但单纯地追求数量，不注重单词的实际应用和深入理解，可能导致学生在实际交流中使用不当，或者对单词的细微差别感到困惑。

质量指的是学生对单词的深入理解，包括单词的语境、词性、同义词、反义词、搭配以及文化背景等。这种深入的理解能够帮助学生在不同的情境中正确使用单词，增强他们的语言灵活性，使他们能够更加准确地表达自己的想法和情感。质量的强调，要求教育者使用各种教学策略和活动，从多个角度深入探索每个单词，使学生能够全面、深入地理解和掌握。

（二）兴趣激发原则

兴趣能够促使学生主动参与学习过程，使他们更愿意花时间和精力在词汇学习上。为了激发学生的兴趣，教师可以使用各种教学方法和策略，如故事讲述、角色扮演、歌曲、游戏和互动等，这些方法提供了有趣的学习体验，有助于学生更好地理解和记忆新单词。例如，歌曲学习可以帮助学生在轻松的氛围中记住新单词，也能让他们了解单词在实际语境中的用法。

为学生提供真实和有意义的学习内容也是激发兴趣的关键。真实的材料，如新闻、电影片段或社交媒体文章，可以让学生看到单词在现实生活中的应用，从而使学习过程更加相关和有意义。还可以根据学生的兴趣和背景为他们准备学习材料，使课程更加贴近他们的生活，例如，对于喜欢音乐的学生，教师可以选择与音乐相关的文章或歌词作为教学内容，从而提高学生的学习兴趣。

（三）文化对比原则

文化对比不仅有助于学生更好地理解单词的语境含义，还可以帮助他们避免跨文化交流中的误解和冲突。例如，词语“礼物”在西方文化中可能与生日、节日或特定场合有关，而在其他文化中，送礼可能与传统习俗或其他社会活动有关。通过对比两种文化中的“礼物”传统，学生可以更深入地理解这一概念，并在实际交流中更准确地使用该词语。许多英语单词带有文化背景和特定的语境含义，这些都可能与学生的母语文化有所不同，通过对比学习，学生更容易识别和理解这些差异，更有效地使用这些单词。

在全球化的今天，与来自不同文化背景的人进行有效交流变得越来越重要，通过对比不同文化中的词汇和表达方式，学生可以更好地了解他们的交流对象，更好地理解他们的观点和感受，建立更为深厚的人际关系。例如，了解西方文化中对“时间”的重视和概念，可以帮助学生更好地与西方人进行交流和合作。

四、英语词汇教学的意义

（一）有利于提高学生口语表达的流利性

对于学生而言，拥有丰富的词汇量非常重要，尤其在口语交流中，词汇的掌握程度往往直接影响说话者的表达效果和沟通效率，缺乏适当的词语或犹豫不决地寻找合适的词语会导致中断，影响整体的交流流畅性。

良好的词汇教学可以帮助学生更快速地检索和选择合适的词语，从而更自然、准确地组织语言，使其更具有说服力。例如，描述一个景象时，知道如何使用精确的形容词可以使描述更生动，更具有吸引力。在对话或辩论中，拥有丰富的词汇量可以使学生更有力地表达观点，更好地回应对方，增强其在交流中的竞争力。随着词汇知识的增长，学生在面对新的话题或复杂情境时，会更加自信地参与到交流中，而不是因为语言限制而选择沉默。这种自信和流利性无疑会为学生在日常生活、学术和职业领域中打开更多的门。

（二）有利于提高学生的语篇理解能力

英语中的每一个单词都承载着特定的意义和功能，是构建句子和段落的基础砖块，拥有丰富的词汇知识不仅意味着学生能够识别更多的单词，更直接关系到学生理解复杂文本和语篇的能力。对于阅读和听力来说，知道单词的意思是基本的，但了解单词如何在不同的语境中工作以及与其他单词之间的互动关系则是深度理解的关键。

在实际的语言使用中，尤其是在复杂的文本或口头报告中，单词并不是孤立存在的，它们在句子中互相作用，形成固定的搭配、习惯用法或特定的修辞结构。一个单词在某个语境中的含义可能与在另一个语境中的含义完全不同，学生不仅需要知道单词的基本含义，还需要知道如何在实际语境中准确地解读它们。例如，“apple of one’s eye”这个短语，如果只停留在字面上，学生可能会误解其含义。但如果他们了解这是一个表示“某人珍视的东西”的习语，那么在遇到这种表达时，他们就可以更准确地理解整个句子的意思。熟悉常用的词组和搭配也可以帮助学生更快地理解文本，并更好地预测下文，这对于提高阅读速度和理解效率至关重要。由此可见，英语词汇教学对于增强学生的语篇理解能力具有决定性的影响。

五、英语词汇教学中的文化因素

（一）词义交叉词

中西方文化并非完全不同，也存在部分共性，因此英汉两种语言中就必然存在一些意义交叉或者叠盖的词语，这些词语就是词义交叉词。这类词语包含以下两种形式。

（1）同义异形词。同义异形词指意义相同或相似的词语在英汉语言中有着不同的表达方式。在英语单词中，几乎大部分是这类词，同时不少成语与汉语词汇出现了同义异形的现象，如表 4–1 所示。

表 4–1　高校英语词汇教学中常见的同义异形词

序号	汉语	英语
1	如鱼得水	Like a duck to water
2	雨后春笋	Spring up like mushrooms
3	狼吞虎咽	Eat like a horse
4	拦路虎	Lion in the way
5	害群之马	A black sheep
6	爱屋及乌	Love me，love my dog
7	水中捞月	Fishing in the air

续 表

序号	汉语	英语
8	未雨绸缪	while it is fine weather，mend your sail
9	挥金如土	spend money like water

（2）同形异义词。在英语单词中，同形异义词也很重要。表 4–2 从不同方面列举了英汉语言中不同文化含义的相同词语，也就是同形异义词。

表 4–2　英语词汇教学中的同形异义词在英汉文化中的含义对比

类别	词语	汉语中的文化含义	英语中的文化含义
动植物	dragon	享有至高无上的尊重，是中华民族的象征	一种喷烟吐火、凶残可怕的怪物，是灾难的象征
	bat	丰富吉祥的象征，大吉大利的前兆	一种邪恶的动物
	owl	象征倒霉的事情，“夜猫子进宅”更意味着厄运将要到来	智慧的象征
	dog	仗势欺人、令人讨厌的人	忠诚的动物，可以用来比喻人
	rose	美丽却带刺的女人	神秘而静默的爱情
颜色	red	热情似火或喜庆之事	潜在的风险和极端主义
	blue	严肃、纯洁、静穆	沮丧、消沉
	green	春天、绿色、希望	没有经验的人
	white	恐怖、死亡、丧礼	纯洁、天真、无瑕

（二）词义空缺词

词义空缺是由两种语言文化背景的差异导致的一种现象，即一种语言里的一个特有的文化概念在另一种语言中找不到对应的表达。由于中西方在生活方式、习俗、宇宙观和思维逻辑等多方面的不同，这样的词义空缺词在英语的词汇教学中经常出现，如表 4–3 所示。

表 4–3 在汉语文化中出现空缺含义的英语词语类型

音译词语		直译词语		音译和直译结合词语	
英语	汉语	英语	汉语	英语	汉语
marathon	马拉松	cold war	冷战	Buckingham Palace	白金汉宫
golf	高尔夫	honeymoon	蜜月	Domino Effect	多米诺骨牌效应
salon	沙龙	soft landing	软着陆	Cambridge	剑桥
pudding	布丁	millennium bug	千年虫	Internet	因特网
pizza	比萨	dark horse	黑马	beer	啤酒
chocolate	巧克力	white collar	白领	jazz	爵士
lemon	柠檬	generation gap	代沟	Benz	奔驰
whisky	威士忌	spacecraft	航天器	vitamin	维生素
disco	迪斯科	xerox	复印	club	俱乐部
clone	克隆	communism	共产主义	jeans	牛仔裤

词义空缺是某一种文化中具有独特意义的词语在另一种文化中没有相应的词语，这种情况对于非母语背景的学生来说，常导致理解上的困惑。虽然某些英语单词能够用汉语进行音译或借用，但这并不意味着这两种语言之间存在确切的一一对应关系。汉语中某些特定的文化概念，例如，“阴阳”和“乾坤”在英语中就是没有确切等价物的。学生在学习英语时，

常寻求词义之间的对应关系，试图将新词与已知的概念相匹配，当遇到词义空缺时，这种对应关系的缺失可能会妨碍学生的学习进程。这种现象对于英语教学尤为关键，并且教师和学生都应对其高度关注。为了有效应对这一挑战，英语教师可以采取一些策略。释义法就是其中之一。它要求教师为学生提供详细的词义解释，强调该单词在其原始文化背景中的意义和应用，使学生更深入地理解和掌握这些单词，为未来的交流和交际活动奠定坚实基础。

（三）词义冲突词

词义冲突词指的是那些在英汉两种语言中具有完全相反或矛盾的意义的词语，这种情况往往源于两种语言深层次的文化差异，如神话、寓言、民族习惯以及历史文化背景。很多时候，单纯地从字面上理解英汉词语是远远不够的。例如，英语中的短语“face the music”，如果单纯从字面上去理解，人们可能会认为这意味着某人要去听音乐会或面对音乐，但在实际的西方文化背景中，这个短语的意思是“面对困难或承担后果”；而在汉语文化中，音乐通常与愉悦、轻松和舒适的情绪相关联，因此“面对音乐”在汉语中并没有西方语境中的那种隐含的负面含义。这一例子清晰地展示了文化对词汇理解的重要性，英语学习者应该深入理解其背后的文化含义。对于英语教师而言，则意味着他们在教授词汇时，除了要强调单词的标准定义，还要确保学生理解每个单词或短语背后的文化内涵。

英语词汇和其教学都深受文化的影响，教师在授课时应当重视这一点，并确保学生在学习词汇时也同样深入理解其文化背景，帮助他们更加深入、全面地理解英语。教师还应当鼓励学生探索和学习英语国家的历史、艺术、习俗和其他文化现象，让学生遇到新的单词或表达时，能更好地理解其背后的文化含义，从而更加自如地运用这些单词。

六、文化差异对大学英语词汇教学的影响

（一）英汉词汇的概念意义相同或相似

同一个词在英汉两种语言中可能拥有重叠的联想意义和指示意义，或者略有不同。以“dragon”为例，无论在英语还是汉语中，这个词都可以指向“龙”这一神秘的生物。然而，龙在东西方文化中的意象存在显著差异：在汉语中，龙往往与权力、尊贵和吉祥相关联；而在英语中，龙可能被视为一种危险的生物。“tiger”在英汉语言中都可以表示“虎”，但在英语中，这个词还可用来描述一个勇敢、有决心的人。在英语词汇的教学过程中，当碰到此类单词时，教师应深入剖析其在两种语言中的联想意义和指示意义的相似性与差异性，帮助学生更精准地理解和使用这些单词，确保他们在实际应用时不产生歧义或误解。

（二）英汉词汇的概念意义相同但内涵意义不同

虽然英汉词汇从表面含义上来看相同或有所接近，但由于两种语言背后的文化差异，某些词语可能带有截然不同的文化内涵。以“gentleman”为例，在英语中，这个词描述的是一个有礼貌、受过良好教育、行为得体的男人；但在汉语中，它可能更倾向于字面意思上的“绅士”。再如“scholar”，在英语中，这个词通常指的是一个深入研究特定领域、拥有专业知识的学者；而在汉语中，它可能更多地与古代的学者或文人相关。在英语词汇的教学过程中，教师在解释词语的字面意义时，还需深入讲解其文化内涵，确保学生在理解该词语的基本意思的基础上，能够准确地把握该词语在各种情境中的真正含义。

（三）只在英语或汉语中有特定文化内涵的词汇

某些词语在具体的文化背景下承载着深厚的内涵。例如，动物词汇在不同文化中往往带有独特的情感色彩。在英国的一些地方文化中，

raven(乌鸦)常被视为不祥之兆，与死亡和神秘联系在一起; 而dove(鸽子)在西方被视为和平与纯洁的象征。与此相对，这些动物在其他文化中可能只是普通的鸟类。在汉语中，动物经常被用来传达某种情感或思想。例如，鹿，由于其和“禄”谐音，常常被当作富贵的象征。再如，“狐假虎威”，这一成语描绘了狐狸利用老虎的威势吓唬其他动物，主要用于描述借助他人之势而自吹自擂。

来自各种古老传说、神话和文学作品中的词汇也蕴含着丰富的文化内涵。古希腊神话中的潘多拉魔盒（Pandora’s box）被用来描述导致一系列问题的行为或决策。而出自英国著名作家查尔斯·狄更斯的小说《雾都孤儿》中的人物法金（Fagin），则被用来指代狡猾且有欺骗性的人。因此，理解词汇的文化内涵对于更好地掌握一门语言至关重要。

由于每一种文化都有其独到之处，在两种语言之间常常出现所谓的“词汇空缺”，即一种语言中存在的概念或事物在另一种语言中缺乏确切的词语来描述，这种现象可能导致语言交流中的障碍和误解。例如，在英语文化中的wordsmith、serendipity等词语在汉语中没有直接对应的表达，往往需要音译或借用其他词语来传达其意。中国传统文化中的“腊八粥”“门当户对”或“红包”等概念在英语中同样缺乏直接对应的表达。

许多语言学习者将直接的英汉语言对照作为学习策略，但遇到词汇空缺现象时，这种策略往往失效，使得他们感到困惑甚至挫败。为了帮助学生解决这个难题，教师需要采取更为灵活的教学方法，释义法就是其中一种十分有效的方法。释义法即通过详尽的解释和描述，为学生展现这一特定词语的深层含义和使用场景。这种方法可以帮助学生理解新词语，还能够让他们感受不同文化背景下的丰富内涵，增强其语言运用能力和跨文化能力。

七、基于跨文化能力培养的英语词汇教学的策略

（一）导入文化知识

1. 直接法

直接法作为一种常用的导入文化知识方法，其核心理念是直观、真实地呈现目标语文化，使学生在接触新词汇时，能够直观地理解和感知与之相关的文化内涵和背景信息。

使用直接法导入文化知识，通常采用以下策略。

（1）原生材料应用。这包括原版音频、视频、图片、文献等，通过这些材料，学生能够直接接触和体验目标语言文化的真实情境。例如，当学生学习“Thanksgiving”这个单词时，教师可以展示外国家庭庆祝感恩节的视频，让学生直观地看到这一文化现象。

（2）情景模拟。在课堂上，教师可以设计与目标词汇相关的文化情境，让学生通过角色扮演、情景模拟等方式，直接体验文化情境。例如，学习关于英国的“tea time”时，可以模拟英国下午茶的场景，让学生了解这一文化传统。

（3）文化实物展示。有时，一些文化实物能够直接反映某一文化特征或背景。例如，在学习“kimono”（和服）时，教师可以展示真实的和服或图片，让学生直接感受到日本的这种服饰传统。

（4）互动讨论。在课堂上，教师可以组织学生就与某一单词相关的文化话题进行讨论。这不仅能够让学生更深入地理解该单词的文化内涵，还能够锻炼他们的口语交际能力。

2. 语境法

语境定义为词、短语、语句或文章及其之间的联系。英语词汇的意义往往依赖特定的语境，英语词汇的课堂教学也应依赖特定的语境进行，如果词汇教学完全脱离语境，学生即便能够记忆词语的形式和基本含义，也可能难以真正理解并准确使用这些单词。在大学英语词汇教学中，教

师应该将注意力放在句子和文章的层面，确保词汇的学习与实际语言使用紧密相连。以单词“transparent”为例，它可以表示“透明的”“易懂的”或“坦率的”，为了让学生充分理解其意义，教师需要将这个词置于不同的句子或文章中。例如：

Sarah wore a transparent gown to the party. It was so clear that everyone could see her dress underneath.

从这个语境中，学生可以推测“transparent”在此表示“透明的”。通过这种基于语境的学习方式，学生可以更为深入地理解、记忆并掌握词语的实际含义。

为确保学生对新词语有更深入的理解，教师在教授新词语时可以使用特定的语境，并鼓励学生通过推测来确定词语的意义。例如：

Dr. Zhang used to be a teacher. Now she doesn't teach anymore as she has reached the age of relaxation and leisure. She's enjoying her pension days.

从这个例子中，学生可以推断“pension days”意为“退休时光”。当学生通过语境进行词汇学习时，他们不但能够更好地理解单词的含义，而且能够更为长久地记忆它。

（二）开展任务型教学

任务型教学法将学习者视为教学的中心点，强调人性化教学，确保信息有效沟通，以及保证教学活动的真实性与广泛性。该教学方法的使用能够激发学生的学习热情，为他们提供真实的语言环境，使学生产生深刻的学习印象，并达到更好的教学效果。在词汇教学中，任务的设计可以分为以下阶段。

1. 准备阶段

在此阶段，教师会考虑教学目标，选择与课程内容紧密相关的主题，并找到能引起学生兴趣的入口点，为后续的任务执行做铺垫。利用现代技术，教师可以使学生通过多种方法如跟读、复读和大声朗读等，来初步熟悉新的单词，建立单词的音、形、义之间的联系。这种方法可以加强学生在口头和视听学习中对新词语的记忆，使他们在实际语境中听到或需要使用时能够迅速反应。

2. 任务准备

在学生对新词汇有初步认识后，教师可以开始设计和布置实际任务。关键在于，任务的设计、选择和执行都需要结合实际情况，充分考虑学生的需求，确保任务与现实生活相结合，并确保任务的实用性。为了满足教学的多样性需求，教师可以根据教学目标和内容设计各种任务，甚至可以融合多种任务形式如听说练习、模拟真实情境、小组讨论、单词相关联的游戏、编写对话、创作故事、探讨词汇的构词规律、复述故事以加强记忆、每日小测验来巩固单词等。考虑到教学的实际效果和学生的参与度，可以将学生分成若干小组完成任务，以增加学生之间的互动并增强他们的竞争意识。这个阶段的任务是确保学生清楚地了解任务的要求和规则，为后续的任务执行创造条件。

3. 任务实施

在学生已经对所教授的词汇建立基本的认知后，这一阶段便为他们提供一个平台，结合教师所布置的任务，深化对新词汇的理解。在这里，学生不再仅仅是接收者，而是变得更加主动，将自己原有的知识与新知识相结合，进行深入的思考。他们通过团队内的交流，逐渐完善原有的知识结构，构建新的学习体系。这种主动性的学习方法明显地将学生从被动的角色转变为更加主动的角色。经验表明，结合实际操作与思考，学生能更加深入地掌握知识，在此过程中，教师的作用也发生了转变，不再是简单地传授知识，而是成为活动的组织者和协调者，他们需要鼓励、指导学生，确保任务的顺利完成，并在必要时提供帮助。师生之间的互动，使学生感到自己对学习有了主导权，从而增强了学习词汇的兴趣。

4. 任务结束与评价

任务型教学法的核心目标是刺激学生的学习欲望，提高其学习效率，并确保教学目标的达成。为了确保这些目标得到实现，完成任务后的评估变得尤为关键，教师可以引导学生进行相互评估和测试，让学生从其他同伴那里学习和得到反馈，教师也能及时了解任务的执行情况，找出可能存在的问题。面对学生的错误，教师需要立即指正，并提供具有建设性的反馈。这种以鼓励为主的评价方法能够激励学生，帮助他们更好地理解和记忆词汇，增强他们对学习的信心。

5. 教学反思

当涉及任务型教学法在词汇教学中的应用时，教师需要认真考虑一些关键要点，确保教学过程的高效和顺利进行。

（1）激发学生的学习主动性。教学任务的设计是一个细致的过程，它需要为学生提供一个既真实又与他们的日常生活相关的环境。任务需要具有实际意义，确保学生可以积极参与其中。例如，在词汇的学习中，引入游戏元素可以有效地刺激学生的学习兴趣。一些竞赛型的游戏可以替代传统的单词听写，营造一个更生动、有趣的学习环境。在这样的环境中，学生更有可能对要学习的单词产生兴趣，并长时间记忆。

（2）全面关注学生。教学不应仅仅关注学霸或是特定的学生群体，而是要让每位学生都能从中受益。考虑到学生的学习速度和能力各不相同，任务型教学法应确保每个学生都能找到适合自己的学习方法。这意味着，任务的难度需要得到恰当的调整，如果任务过于简单，有些学生可能会感到无趣；而如果任务过于困难，有些学生可能会感到挫败。因此，根据学生的不同水平，教师需要为他们设计不同层次的任务，这样每个学生都可以在完成任务的过程中体验到成功的喜悦，并持续地维持他们的学习热情。

（3）及时的教学支持。在任务完成的过程中，教师的角色并不是一个旁观者，而是一个积极的参与者。在布置任务后，教师需要深入学生之中，为他们提供必要的支持。例如，某些学生可能在单词发音上遇到困难，或对书中单词的用法感到困惑。在这些情况下，教师的及时帮助是至关重要的，它可以确保学生的学习兴趣不会因为这些难题而受到影响。

（4）课堂教学的总结。无论教学过程进行得多么顺利，最后的课堂总结都是必不可少的，这个阶段涉及对学生学习成果的评价，以及对所教授单词用法的进一步补充。评价过程需要有针对性地纠正学生在任务完成中可能出现的错误，也需要发现和表扬学生的优点和亮点。任务型词汇教学并不意味着只需要学生执行任务，而教师什么都不做，相反，教师在任务结束后仍然需要对所教内容进行深入的总结和补充，帮助学生更好地理解和掌握关键知识点。

第二节　基于跨文化能力培养的英语听说教学

一、基于跨文化能力培养的高校英语听力教学

（一）听力理解

从信息论的角度来看，听力理解是对信息进行认知加工的过程。本书将听力理解的特征总结为以下几点，如图 4-2 所示。

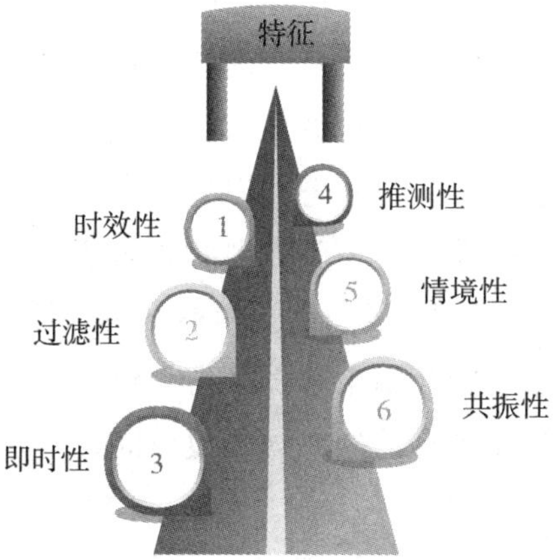

图 4-2　听力理解的特征

1. 时效性

时效性主要指的是听众在听取信息时必须即时、实时地理解和处理

这些信息，与阅读、写作和其他形式的语言交流相比，这是听力一个独特的特点。理解这一特点对于提高学生的英语听力技能至关重要。

听力与阅读有一个明显的区别：阅读时，读者可以自由控制阅读的速度，可以反复阅读某个部分直到完全理解。但在听力中，这种控制是受限的，当聆听一段语言材料时，信息以固定的速度流入听者的耳朵，无法暂停或回溯。因此，学生在面对英语听力任务时，需要具备快速捕捉和处理信息的能力。

时效性特征意味着，听者需要具备一定的预测能力，基于上下文，听者应能够预测下一句可能出现的内容或信息，这有助于他们更加流畅地跟随说话者的思路。拥有良好的词汇和语法知识也能帮助听者在听到某个单词或短语时，迅速理解其含义，而不会错过后续的信息。时效性也会带来一定的压力，因为信息是连续不断地传递的，如果听者在某一时刻没能理解某个部分，他们可能会错过后续的重要信息。听者在听力过程中，即使遇到不理解的部分，也要迅速调整自己，尝试捕捉下一段的信息，而不能过度纠结于未能理解的内容。

2. 过滤性

在真实的交际场景中，人们往往面临大量的信息输入，无论是公开演讲、日常对话还是广播节目，信息的密度和速度都可能超出个体的处理能力。听者有必要进行信息过滤，专注于关键点，忽略那些被认为是次要或不相关的信息，这样，听者可以更加高效地抓住主要内容，实现有效的信息传递。过滤性特征与听者的背景知识、文化背景和语言水平密切相关，拥有丰富背景知识的听者更可能准确地捕捉和解析关键信息，因为他们可以依赖以往的知识来辅助理解。例如，对于一个经济学专业的学生来说，听到与经济有关的单词或概念时，他可能更容易理解并与已知的知识相结合。

然而，过滤性特征并不总是有利的，过度的过滤可能导致重要信息的遗漏，或者产生对所听内容的误解。例如，如果一个学生过于依赖自己的背景知识，他可能会忽略与此相悖的新信息，导致听力理解的偏差。

对此，教师和学生都需要采取相应的策略，教师可以设计各种听力练习，帮助学生识别关键信息，教导他们如何避免过度的过滤；学生则需要培养自己的批判性思维，学会在听力过程中对信息进行全面、均衡的评估，而不是仅仅依赖自己的预设观念。

3. 即时性

即时性意味着听者在接收语言输入时需要立即对其进行处理，以获取含义，而没有时间反复思考或返回原始材料进行重复听取。在实际的听力实践中，这种即时性对听者提出了更高的要求。例如，在一个讲座、讨论或新闻广播中，信息是连续传递的，每一句话都可能为后面的内容提供背景或上下文，如果听者错过了某一关键点，他们可能在后续的听力中遇到困难。即时性也意味着听者需要迅速地进行大量的认知处理，包括单词识别、句子解析，以及根据上下文推断含义。

为了应对即时性带来的挑战，高校英语听力教学中应该包括各种练习形式，从简单的信息获取到复杂的内容解析。模拟真实场景的练习，不提供重复机会的听力测试，可以帮助学生适应即时性的要求，培养他们快速处理信息的能力。

4. 推测性

在实际听力场景中，信息并不总是清晰明了地呈现，可能是因为说话者的发音不准确、速度过快，或者使用了听众不熟悉的单词和表达。在这些情况下，听者必须利用已有的语言知识、文化背景和上下文信息来推测所缺失或不清楚的信息，以实现有效的理解。推测性特征还强调了听者对上下文的依赖。很多时候，单一的句子或词语可能不具有明确的意义，但当它们嵌入一个具体的上下文中时，意义就变得清晰了。通过分析前后句子之间的逻辑关系和内在联系，听者可以更好地推测并理解听到的内容。

在教学实践中，培养学生的推测能力是非常重要的，通过设计各种模拟实际场景的听力活动，可以鼓励学生利用上下文、单词关系和语法知识进行推测。引入跨文化内容，让学生了解并理解与所学语言相关的文化和社会背景，也是提高他们推测性听力理解能力的关键。

5. 情境性

情境性特征意味着每一段听力材料都不是孤立存在的，它们与特定的背景、环境或情境紧密相关。例如，一段对话可能发生在商店、机场、学校或医院。不同的情境可能涉及不同的语境、单词和表达方式，听者必须根据情境来调整他们的预期和理解。了解情境还可以帮助听者预测即将出现的内容。例如，如果知道一段对话是在餐馆进行的，那么可以预测可能会涉及食物、饮料、价格等话题。这种对即将出现内容的预测，可以帮助听者更好地集中注意力，提前做好理解的准备。在进行听力练习与测验时，教育者和学生都需要不断地对听力材料的情境进行反思和分析，理解其中包含的文化、社交和情感元素，并努力将这些元素与听到的语言内容相结合，以实现深入而全面的理解。

6. 共振性

共振性特征可以看作一个桥梁，它连接了听者的内在世界和外部听力材料。当听者在听到的内容中发现与自己的经验和知识相符合的元素时，这种共鸣可以增强记忆和理解。例如，一个学生在听到描述海滩的场景时，可能会回想起自己之前在海边度过的时光，这种个人的回忆和情感共鸣会使他更加投入，也更容易理解和记住听力材料的内容。这种共鸣还与情感因素有关，情感和学习是密不可分的，当学生对听力材料产生积极的情感反应时，他们的注意力和吸收能力往往会得到提高；如果学生对听力材料感到陌生或无法产生共鸣，他们可能会觉得难以理解或不感兴趣。

为了提高学生的听力理解能力，教师可以利用共振性特征，选择那些与学生生活、兴趣和经验相关的听力材料，学生在听的过程中更容易找到与自己的经验和知识相匹配的点。教师还可以鼓励学生分享他们在听的过程中的共鸣体验，增强学生之间的交流和合作。

（二）基于跨文化能力培养的高校英语听力教学原则

1. 综合原则

英语学习中所涉及的四项核心技能，即听、说、读、写，彼此之间的关系是相互联系、相互促进的，而非孤立存在的。要真正达到提升听力能力的目的，教师需要关注听力与其他技能间的相互关联，在教学中教师需要将输入技能如听、读与输出技能如说、写相融合，帮助学生全面发展英语综合能力。

2. 注重情感原则

教师不仅要关注学生的学术进展，更要注重学生在学习中的情感经历。具体来说，教师有责任为学生营造轻松愉悦的学习氛围。为了达到这一目标，教师可以在听力教学中融入幽默的小故事、引人发笑的笑话、韵味十足的英文小诗、趣味盎然的英文卡通电影和动听的英文歌曲。当然，教师也可以依据课堂的实际状况，适时调整听力练习的形式或替换听力材料，打破学生的学习障碍，如学习焦虑、恐惧等。构建这样一个和谐的学习环境，能够为学生带来更加积极的学习体验，有助于他们的听力水平的进一步提升。

3. 强化文化背景知识原则

语言与文化之间存在着千丝万缕的联系，英语的许多单词、短语和句型深深地根植于丰富的文化背景之中，若缺乏对这些文化信息的了解，学生可能难以完整地领会语言的真正内涵，这样就会影响他们的交流效果。实际上，听力材料中大多融入了特定的文化元素，如果学生缺少相应的文化背景知识，那么他们即便听懂了语句的表面意思，也可能难以把握其深层次的文化寓意，导致对整个材料的误解。在高校英语听力课程中，加强学生对英美文化背景知识的了解，提升他们对文化元素的敏锐感知，变得尤为重要。为了达到这个目标，教师可以采用多种方式，如播放经典的英美电影、引导学生深入阅读文学作品或组织富有文化特色的交流活动，这些都有助于增强学生的文化意识，进一步提升他们的英语能力。

4. 分析与综合相结合原则

（1）分析性听。分析性听是一个涉及对听力材料进行细致剖析的过程，这种听的方式要求学生对所听内容进行语言层面的分析，将整个材料分段，允许学生在各个阶段逐步地进行听力练习。该方法的核心在于对细节的重视，既重视具体的单词、短语、句子，又重视更为宏观的段落或整篇文章。为了使这个过程更加活跃和引人入胜，教师在教学时可以融入角色扮演、身体语言、图像填充以及其他多种任务，学生在听的过程中应进行深入的分析，特别是对于文章中的时间、地点和数字等关键信息进行精准捕捉。

（2）综合性听。综合性听则注重对听力材料的全局性理解，其主要目标是帮助听众捕捉听力内容的核心思想，进而分析文章的总体结构和深层含义。为了确保学生对此保持兴趣并能够有效地进行听力实践，教师可以在开始时选择较为简单的材料，随着学生能力的提高，再逐渐增加内容的复杂度。

分析性听与综合性听并非孤立的两种方法，而是相互补充的。分析性听为综合性听提供了坚实的基础，因为只有在对细节有了充分了解后，才能真正把握文章的主旨。在实际的听力训练中，鉴于听力测试往往涵盖文章的主题和具体细节，因此以两者结合的方法进行听力实践是十分必要的。

（三）高校英语听力教学中的跨文化因素

1. 词语文化内涵差异的影响

在英语学习过程中，听力理解通常被认为是一项挑战，尤其是当涉及文化元素时。许多学生反映，他们在听英语材料时，尽管句子结构简单，没有生词，但他们仍然难以猜测出对话的真实含义，这是因为他们缺乏对某些单词背后的文化内涵的了解。为了更好地理解听到的内容，听者需要利用他们已有的文化背景知识。

例如：

Aria：What do you think of Vicky?

Bria：She is a cat.

问题：Bria 对 Vicky 的看法如何？

尽管上述对话的单词都是学生熟悉的，但很多学生在回答问题时可能会答错。这是因为文化的不同。在中国，猫是可爱温顺的动物，但在西方文化中，猫有着另外一层文化含义，指“心存险恶的女人”。因此，Bria 实际上是在说 Vicky 是一个狠毒、心怀叵测的女人。这一例子说明，听力理解的很多困难并不是由于语言结构，而是由于对某些文化背景的缺乏了解。

2. 交际文化差异的影响

交际是学习英语的主要目的之一，如果不了解目标语言的文化，则可能会在交流中造成障碍。中英两国在礼貌用语、习惯表达等方面都存在差异。例如，英语习语“break a leg”，如果直接翻译，则可能会让一些学生困惑，因为字面意思是“摔断腿”，但在西方文化中，这实际上是一种祝愿，类似于“祝你好运”。如果学生在听力中遇到这样的习语而不了解其文化含义，他们可能会误解对话的真正意图。

为了解决这一问题，英语教师应该在听力教学中加入文化元素。通过引入真实的文化情境，学生可以更好地理解目标语言，并在真实交流中更自如地运用。通过了解文化差异，学生还可以加深对两种文化的了解，进而成为更有文化修养的“全球公民”。

（四）基于跨文化能力培养的高校英语听力教学策略

1. 听力认知策略

根据认知理论，听力理解是一项要求听者主动建构意义的活动，也是一个相对复杂的认知活动。在学习中融入认知策略能够协助学生更好地建立意义，并增强其信息获取的能力。将这种以认知策略为核心的听力教学模式（图 4–3）融入高校英语听力教学中，无疑对提高学生的听力水平及教学效果是大有助益的。

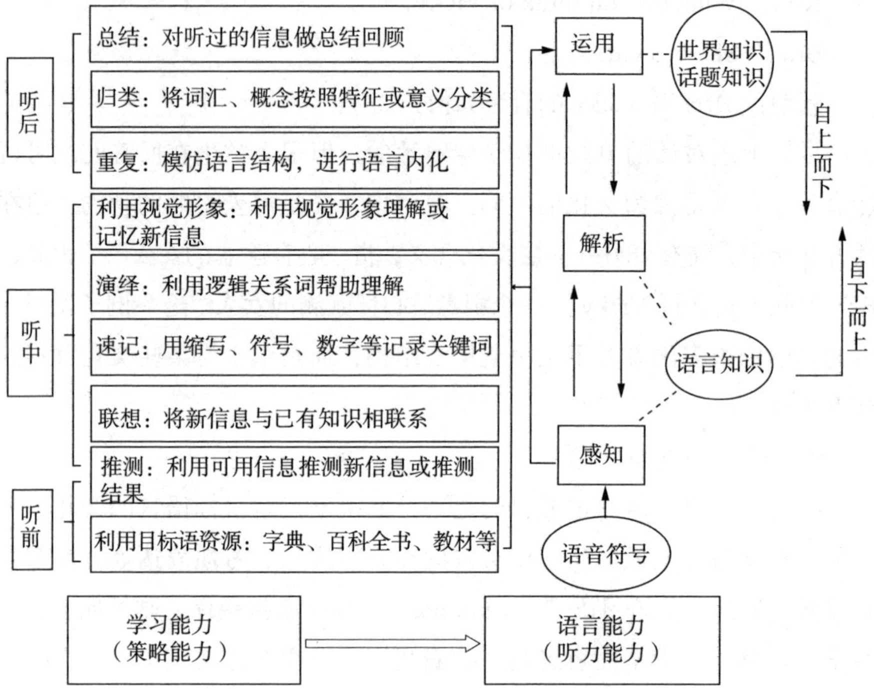

图 4-3　听力理解过程中的认知策略模型

具体基于认知策略的英语听力学习模式可以分为以下几个步骤。

（1）听前阶段。在这一阶段，教师的重心应放在为学生提供与听力材料相关的背景知识上。教师需要指导学生利用各种语言工具，如字典和百科全书，来消除潜在的词汇困难，这也是激活学生先前所学知识的时机，确保他们为即将到来的听力任务做好充分准备。

（2）听中阶段。在这一关键阶段，教师应着重于培训学生运用各种策略，如联想、推测、演绎和速记，来成功完成听力任务。以“Wild and Wonderful”为例，这个学习单元的核心话题是关于自然和环境议题的。于是，在听力教学过程中，教师可以启发学生唤起其关于环境问题的知识，如水污染、空气污染、森林退化等。这样，学生就能更为准确地预测文章内容。在第一次听录音时，教师可以让学生尝试概括整篇文章的主旨，这需要学生在听的过程中，结合他们的背景知识，运用联想策略来总结文章的核心意思。在此次听的过程中，学生要捕捉文章的详细信息，填充表格中的空白部分。这一步骤要求学生专注、抓住关键信息，并快速做笔记。在听力活动结束后，如果学生在信息获取上有所缺失，教师可以引导他们利用推测和联想等策略进行合理的推断，从而加深他们对听力材料的理解和掌握。

（3）听后阶段。在听后阶段，教师要训练学生通过归纳、总结等策略对听力材料内容做进一步的加工处理，实现语言的内化。此外，教师应指导学生对听过的材料进行重复听力练习，让学生模仿训练，从而起到巩固语言基础的作用。

2. 听力训练策略

（1）反复听。反复听是提高听力的一种有效方法。在刚开始的阶段，学生可能只能捕捉到零星的关键词或片段，但随着多次的重复听，他们会逐渐理解更多的内容，进而整体理解材料。反复听的重点在于每次听的时候都要有目的。例如，第一次听获取大意，第二次听寻找细节，第三次听验证自己的答案等。

（2）注重预测和推理能力培养。听力不仅仅是被动地接收信息，更多的是主动地进行预测和推理。教师要训练学生在听之前根据标题、图片或已知的背景知识进行预测，提高他们的主动参与度和听的目的性。在听的过程中，学生还需要运用已有的知识和上下文信息进行推理，获得更为准确的理解。

（3）扩展词汇和文化知识。听力理解的深度和广度与学生的词汇量和文化背景知识息息相关，因此，系统地扩展词汇、习得日常表达和了解相关的文化背景知识是提高听力的关键。例如，学生可以通过阅读、看电影或听音乐来丰富自己的词汇量和文化背景知识。

（4）采用交互式听力练习。听力练习并不只是单向的信息接收过程，它更应该是一个交互的过程。在教学中，教师可以组织学生进行小组讨论、角色扮演和模拟对话等活动，这种交互式的练习方式可以提高学生的参与度，让他们在实践中锻炼和应用听力技能。

二、基于跨文化能力培养的高校英语口语教学

（一）口语是综合性的语言素养

对于渴望精进英语口语的学生来说，获得良好的口语表达能力并非易事，他们不仅需要深入了解英语的基本元素，如其特有的节奏、语音和音调，还要熟悉元音和辅音的发音方式。为了能在日常对话中流利而得体地表达，学生还需掌握一系列实用的交流策略，如如何礼貌地打断对话、如何友善地进行回应等。

但只有准确发音，并不意味着就能完美掌握英语口语。一门语言不仅是文字和语音的组合，更是文化和社会背景的综合体现。真正的语言学习不仅包括语言本身，还涉及该语言所代表的社会风俗、文化传统、交往礼节等多方面的知识。这意味着，学生在学习语言时，还需投入更多的精力去了解这一语言所隐含的丰富文化内涵。

（二）基于跨文化能力培养的高校英语口语教学原则

1. 先听后说原则

听和说是两个相互关联的技能，特别在高校的英语口语教学中，基于跨文化能力培养，“先听后说”的原则显得尤为重要。

从认知的角度来看，听是一种输入，而说则是输出。在语言习得初期，学生往往没有足够的词汇量和结构知识去构建完整的句子。此时，通过听，学生能够在无压力的环境中吸收语音、语调、句式结构等关键信息。不同文化背景下的语言表达习惯和思维方式也在听的过程中被介绍给学生，当学生持续接触和吸收这些语言输入时，他们的大脑开始对语言进行内部加工，并逐渐建立起语言的内部模型。这样，当他们尝试说的时候，已经有了一定的语言储备和内在模型作为支撑，他们的口语输出不但会更加流利，而且会更加自然和地道。多听也能够增强学生的文化意识，

当听到不同文化背景下的故事、对话或讨论时，他们开始对其他文化有更深入的认识，有助于拓宽他们的视野。

“先听后说”也是一种模仿的过程。在跨文化交际中，语言不仅是单纯的文字和声音，还包括背后的文化、情感和习惯。通过听，学生可以模仿和学习到这些非语言元素，这对于跨文化交际的成功至关重要。

2. 内外兼顾原则

所谓内外兼顾原则，指在处理问题时要同时考虑到两个层面，即内部和外部。在英语口语的教学中，这一原则建议教育者既要关注课堂内的教学活动，又要激励学生利用课外的机会来实践和提高他们的口语能力。

实际上，学生的英语口语进步大部分来源于课堂内的指导，但课外的实践活动对于巩固和应用所学知识同样关键，这两者可以看作互为补充的关系，彼此促进。课堂内的学习为学生提供了理论基础和实践的方向，而课外的活动则让学生有机会将这些知识融合到实际的交流中，实现知识到技能的转化。相较于课堂的环境，课外的活动更为自由和轻松，在这种环境下，学生更容易释放自己，充分展现和锻炼自己的口语能力，这种愉快的学习氛围，往往能够激发学生的学习热情，让他们在不经意间提高口语能力。

课程结束后，在布置作业或练习时，教师可以考虑采用团队协作的模式。例如，将学生分成不同的小组，让他们在团队中完成指定的任务，以此促进学生之间的交流和讨论，增加他们的口语实践机会，培养团队合作精神和能力。

3. 科学纠错原则

（1）理解背后的文化，深入错误的根源。在高校英语口语教学中，纠错重要的是要深入了解错误背后可能存在的文化差异和认知偏差。例如，学生在描述某一社交场合时可能使用了不恰当的语言，这并不完全是因为他们的语言知识不足，而更可能是因为他们对于该场合的文化背景和社交习惯了解不足。教师在纠错时，要指出语言上的错误，还要解释背后的文化，帮助学生更为深入地理解和掌握英语口语。

（2）注重过程而非结果，鼓励自主学习。科学纠错的一个重要原则是注重过程而非结果，错误是学习的一个自然部分，而过度关注错误的结果，可能会打击学生的学习积极性。相反，教师应该重视学生的学习过程，鼓励他们勇敢尝试、大胆表达，即使他们知道可能会犯错误。在这个过程中，教师可以为学生提供必要的支持和指导，帮助他们发现和纠正错误，培养他们的自主学习能力和自信心。

（3）结合实际情境，动态调整纠错策略。不同的教学情境和目标，可能需要不同的纠错策略。例如，在模拟真实交际的活动中，教师需要更为宽容地对待学生的错误，以鼓励他们积极参与和表达。而在更为系统的语法和发音训练中，教师则需要更为严格地指出学生的错误，以确保他们掌握正确的语言知识。

（三）基于跨文化能力培养的高校英语口语教学策略

1. 利用课外活动练习口语

课外活动提供了一个真实的、生动的学习平台，使学生能够在非正式的环境中练习和运用英语，锻炼实际交流技能。例如，学生可以参加英语角、英语话剧、模拟联合国大会等活动。这些活动既能提高学生的语言运用能力，还能加深他们对于文化差异的理解和尊重。课外活动还为学生提供了一个与外国学生直接交往的机会。通过与来自不同文化背景的人直接交流，学生可以更为直观地认识到各种文化中的相似之处和不同之处。

2. 美剧辅助

（1）选择合适的美剧。美剧，作为一种集文化、情感、语言为一体的媒介，为学生提供了一个深入体验和学习目标语言文化的平台。选择合适的美剧是美剧辅助法成功的关键，要确保所选美剧的内容适合学生的年龄和兴趣。对于初学者，可以选择内容简单、对话清晰、语速适中的美剧，如经典的《老友记》或《生活大爆炸》，这些美剧中的日常对话、生活场景为学生提供了丰富的口语学习材料，也展示了美国文化的各个方面。对于进阶学习者，可以选择内容更为复杂、涉及不同文化和社会议题的美剧，如《权力的游戏》或《西部世界》，这些美剧将帮助学生提高他们的听力和口语能力，同时深入探讨跨文化议题。教师还需要指导学生如何有效地使用这些资源。例如，可以为学生提供一些观看指南或任务，要求学生关注特定的对话、场景或文化现象。此外，教师也可以鼓励学生记录不熟悉的词语或表达，并在课堂上进行讨论。这样，美剧不仅成为学生学习口语的工具，还成为他们探索和理解目标文化的窗口。

（2）关闭字幕自主理解。关闭字幕自主理解的主要目的是让学生全身心地沉浸在英语的语境中，从而更好地培养他们的听力和口语反应能力。字幕往往充当一种心理上的“安全网”，学生容易依赖它来理解对话内容，这实际上限制了他们听力的发展。当学生不再依赖字幕时，他们开始更加专注于角色的发音、语调和情感，从而更加深入地理解对话内容。这种方法还能帮助学生学习到更多非书面的日常表达方式和习语，这些都是在传统教材中难以找到的。

在此过程中，学生可能会遇到一些听不懂的单词或短语，但这实际上是宝贵的学习机会。面对不熟悉的内容，学生需要依赖上下文和自己的推理能力来猜测意思，这种技能对于真实的跨文化交流是非常重要的，教师可以鼓励学生记下这些不熟悉的词语或短语，并在观看结束后进行研究和讨论。

（3）勇于开口模仿。开口模仿的首要好处在于其能帮助学生融入真实的语言环境。与简单的对话模仿不同，美剧提供了各种社会和文化背景下的对话情境，涵盖了众多的口语表达。当学生尝试模仿角色的语言时，他们其实是在模仿一个真实的、有情境的语言表达。这比传统的句型练习更能够增进他们的语言运用能力。模仿不仅仅是对发音的模仿，更重要的是对情境、语境、情感和文化背景的模仿，这有助于学生更好地理解语言背后的文化含义，从而在真实的交流中更自如地运用。

模仿也是一种有效的自我纠正方法。当学生大声模仿时，他们更容易发现自己的发音和语法错误。模仿也能提升学生的自信心，使他们更愿意在实际情境中开口说英语。实际上，在模仿的过程中，学生很可能会将所学应用于现实生活中的各种情境，从而真正实现跨文化交流。教师可以鼓励学生在模仿的过程中进行创新，结合自己的生活经验，创造新的对话情境，从而锻炼学生的口语能力，培养他们的创新思维。

3. 情境教学法

通过情境教学，教师为学生创造一个与真实生活相似的语境，从而鼓励他们自然而然地使用英语进行交流。具体来说，教师可以组织角色扮演和配音等活动来模拟真实情境。

（1）角色扮演。角色扮演在教学中是一个强有力的工具，它将理论知识转化为实践操作，使得学生能够更加深入地理解和体验语言的实际应用。例如，当学生在学习餐厅用餐的英语交流时，教师可以组织一个模拟餐厅的场景，让学生轮流扮演服务员和顾客，使学生学到相关的单词和句型，有利于学生将所学知识运用到实际情境中，解决实际问题。

角色扮演活动结束后，教师的角色并没有结束，相反，这是一个重要的教学环节，教师需要根据学生的表演进行适当的引导和点评。例如，当学生在模拟商务会议中因为词汇量不足而出现沟通障碍时，教师可以指导他们如何更加准确地表达自己的意思，并提供相关的单词和句型。在评价学生的表演时，应该注意方法和态度，过于直接和严厉的批评可能会打击学生的自信心，导致他们对英语口语产生畏惧，应当先给予学生正面的反馈，肯定他们的努力和进步，然后再提出具有建设性的建议和指导。例如，可以首先赞扬学生在表演中所展现出的流利度和自然度，然后再指出他们在语法和发音上的错误，并给予纠正。

（2）配音。在英语教学中，配音可以实现对原文内容的再现，配音需要学生深入理解和准确传达文化背景、人物性格和情境感情等方面的信息，所以学生既要掌握语言表面的意义，又要深入挖掘和理解文化背后的深层含义。通过配音，学生可以更加直观、生动地体验和感受到异国文化的魅力，培养跨文化意识和能力。

配音活动通常包括选材、分析、排练和表演四个环节。在选材环节，可以选择具有浓厚文化背景和情境感情的影视剧或动画片片段。例如，《当幸福来敲门》中，主人公克里斯面试的片段，这部分内容不仅涉及商务英语的交流，还融入了美国文化中对梦想与毅力的理解。在分析环节，学生需要深入研究片段背后的文化背景、人物关系和情境感情，通过小组讨论或导师指导，他们可以更加深入地理解和感受文化差异。排练环节要求学生反复练习，直至他们能够准确、流畅地进行配音。在表演环节，学生将自己的配音成果展现给同学和老师，接受他们的评价和建议。

第三节 基于跨文化能力培养的英语阅读教学

一、阅读概述

阅读，作为人类文明的一项核心活动，与文字的诞生息息相关。得益于文字，人类得以将口头语言转化为视觉化的形式，对其进行了长久的保存，这种转变不仅消除了语言在时间和空间上的局限性，也促使人类社会的宝贵经验得以系统化地延续和传承。在当今社会，无论是对于学习者还是对于各个领域的专业人士，阅读都是不可或缺的活动。

理解阅读活动的本质可以从以下几个角度展开。

第一，阅读是一种特殊的社交行为。阅读，本质上是一种通过文字介质进行的特别的社交互动，这种互动是基于“作者、文本、读者”三个关键要素的。在这一互动中，读者不只是为了理解文本背后的信息或作者的思维，更是要通过与作者进行感性和理性的对话来实现意义的创造和个体自我的塑造或重塑。

第二，阅读是信息获取的过程。阅读也是一个认知的行为。通过这个过程，读者从书面文字中提取意义，进而把外界的信息转化为他们的内部知识。这样，读者能够把文本的思考融合进他们自己的思维模式中，逐渐扩展和深化他们的知识体系。

第三，阅读是社会的实践行为。阅读不仅仅是吸收信息，从更深的层次来看，它是个体对文本的感知、理解、构建和创造意义的活跃过程。它代表了一个主体在社会中如何与信息互动，并对其赋予意义的实践。

第四，阅读是复杂的脑力劳动。阅读，从感知文字到理解其意义，是一个复杂的心理过程。在这一过程中，读者首先用视觉感知文字，接着通过一系列的思维活动，如分析、整合、概述、评估、推断等，对这些信息进行深入加工。为了能够理解和鉴别这些信息，读者需要将这些新知融入他们原有的知识体系，这样的深度处理和思考遍布整个阅读过程，需要读者动用全面的心理活动和特定的认知技能来实现。

二、跨文化能力在英语阅读教学中的意义

（一）有利于提升学生与他人的合作交流能力

拥有跨文化能力的学生会更加有效地理解和评估不同文化背景下的人的观点和行为。通过阅读英语文本，他们可以更深入地了解各种文化，包括习俗、社会行为、价值观等。这种理解会使他们在与他人交流时更具同情心和包容心，能更好地适应不同的文化环境，使得交流更加顺畅。在团队合作中，学生需要和来自不同文化背景的人共同完成任务。在这个过程中，他们不但需要了解和接受不同的观点，而且需要在语言和文化的差异中找到共同的解决方案。具备跨文化能力的学生在这种环境中会更加自如，他们能够用适当的方式表达自己的观点，理解他人的观点，并与他人有效合作。

（二）有利于促进学生文化敏感性的提升

对于学生来说，他们在阅读英语文本时，能够感受到不同文化背景下的人的生活方式、思考方式，甚至是他们的信仰和价值观。这种理解

不仅提升了学生的阅读能力，还让他们对其他文化有更深的感悟。这种对文化差异的敏感性，可以让学生更加尊重和理解其他文化，从而在与来自不同文化背景的人交流时更加自如和顺畅。学生可能会在不同的文化环境中生活和工作，因此，具备跨文化能力是非常重要的。通过阅读，他们可以提前了解并适应不同的文化环境，这对于他们未来的职业生涯和生活来说都是非常有益的。

三、基于跨文化能力培养的英语阅读教学原则

基于跨文化能力培养的英语阅读教学应遵循以下几个原则，如图 4-4 所示。

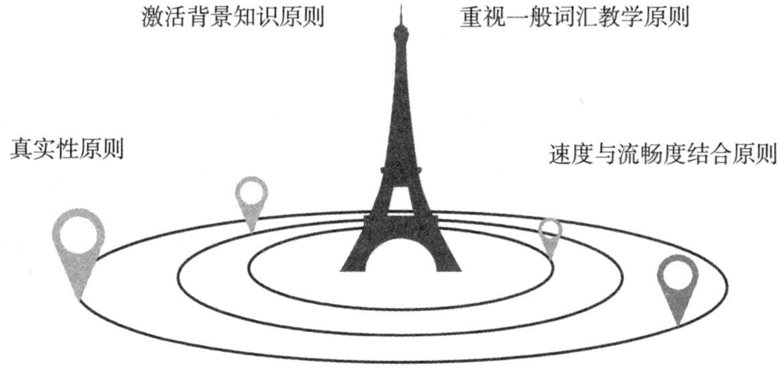

图 4-4 基于跨文化能力培养的英语阅读教学原则

（一）真实性原则

真实性原则强调使用真实的、未经改编的英语材料进行教学，确保学生在学习过程中接触到真实的语言环境和文化背景。采用真实的英语材料可以增强学生的学习兴趣和动力。与为达成教学目的而制作的材料相比，真实的材料更能激发学生的好奇心，因为它们直接反映了日常生活、社会事件或文化现象。例如，真实的新闻报道、散文、小说或电

影剧本可以为学生提供丰富的背景知识，帮助他们更好地理解和使用语言。通过接触真实的文化和社会情境，学生可以更好地了解不同文化背景下的思维方式和行为模式，这些可以帮助他们更准确地解读文本，为他们未来的跨文化交流提供宝贵的经验。

教师在应用真实性原则时需谨慎，应确保所选材料与学生的学习水平相匹配，避免因材料过于复杂而导致学生的挫败感。教师应根据学生的需要和兴趣选择材料，确保教学内容既有趣又有意义。

（二）激活背景知识原则

文化背景知识，也称为文化语境知识，它包括读者对某一篇文章在解读过程中所持有的外部世界知识，如态度、价值观、行为预期和共同目标达成方式等。对于英语学习者来说，尤其是以汉语为母语的学生，对来源于汉语文化背景的文献的阅读自然更为流畅，但是面对源自不同文化背景的文章则可能感到具有一定的挑战性。为了深入理解以英语文化为背景的文献，学生需要拥有相应的文化语境知识，以确保文献内容与学生的文化背景知识之间存在一致性。背景知识涵盖了学生在阅读过程中应当拥有的所有经验，如教育背景、生活经验、母语知识和语法知识等，当教师明确地设定目标并介绍相关背景知识时，学生的阅读能力会显著提高。如果学生对所读文章的主题不熟悉，教师应该为其构建合适的语境，以助力学生的学习，并激活整个阅读过程。

在教学实践中，教师需要在备课时对英语阅读教学材料中可能出现的文化语境空缺进行深入研究。教师应精选教材，确保学生可以理解并掌握材料中的文化信息，如果可能，教师还可以为学生提供一些关键线索，以帮助他们更有效地处理文献中的文化背景知识。鉴于课堂时间有限，学生可能无法完全解决与不熟悉的文化背景知识相关的所有问题，在这种情况下，教师应扮演关键角色，作为桥梁将新的文化语境与学生联系起来。为此，教师需要不断了解学生在独立学习中所遇到的挑战，并为其提供必要的支持，确保学生能够顺利地理解和掌握所学知识和材料。

（三）重视一般词汇教学原则

词汇在跨文化的阅读理解中发挥着至关重要的作用。学生在阅读外国文献时，对于那些与他们的文化背景和经验不符的概念，往往会感到困惑，这种困惑的根源很大程度上在词汇层面。每一个单词都承载了一定的文化内涵，而这种内涵在不同的文化中可能会有所不同。教师通过教授这些词语，能够提高学生的语言能力，帮助他们建立跨文化的视野，理解和欣赏其他文化的价值观和世界观。

一般词汇教学并不意味着简单地列举单词和其对应的意义，更为关键的是，教师需要引导学生去发掘每个单词背后的文化含义，理解这些单词在其原始文化背景中的含义和用法。例如，“家”在汉语中意味着一个温暖的避风港，而在英语中，“home”可能有更广泛的含义，包括一个人的家乡、家庭或者他最舒适的地方。通过对这些单词进行深入的学习，学生可以更好地把握文献的真正含义，避免由于文化误解造成的阅读障碍。

（四）速度与流畅度结合原则

文化背景的差异很可能导致学生在阅读过程中频繁地停顿，为了理解某个文化点而牺牲速度，但速度与流畅度的缺失会影响阅读的整体效果，使得学生难以把握文本的主旨和细节。

速度与流畅度结合原则意味着教师需要在教学中找到一个平衡点，确保学生在理解文化内容的同时，也能够保持适当的阅读速度。这需要教师在课前对教学材料进行充分的准备，对可能存在的文化难点进行预判，并提前给学生进行必要的文化背景介绍。教师还可以通过各种方法，如分层阅读、重复阅读、速度阅读训练等，帮助学生提高阅读速度，还可以引导学生在阅读过程中，对遇到的文化难点进行标注，而不是立即查找，这样可以保持阅读的流畅度。在实际的课堂中，教师应鼓励学生以适中的速度阅读，注重文化内容的理解，培养学生良好的阅读习惯和技能。

四、基于跨文化能力培养的英语阅读教学策略

（一）采用“阅读圈”教学

“阅读圈”定义为一种学生自驱的阅读方式，它鼓励学生自行选择阅读材料，进行讨论和分享。这种方式常在英语阅读课堂中采用小组合作的方式实施。在这个模式下，小组中的每个学生都自愿选择并承担特定的任务，确保在完成阅读后与其他人分享和探讨有关的议题。不仅如此，为了确保活动的顺利进行，每个学生都要在开始阅读前进行充分的准备工作。实施“阅读圈”教学法能有效激发学生的阅读兴趣并提高教学成果。

在这种特殊的教学模式下，“阅读圈”主要通过以下几个步骤实现。

1. 任务设计

这一步骤是整个教学活动的核心。教师选择一个特定的文化主题作为讨论的中心，明确了解和学习的目标，并筛选出学生在课堂或课后需要阅读的相关材料。为了使学生能够更深入地参与讨论，教师还需为他们设计一些具体的问题。最后，教师规划学生完成任务的具体模式和方式。

2. 任务分发

在此阶段，教师负责组织学生进入小组，通常每组有 6~7 名学生。完成分组后，教师需要向学生详细解释“阅读圈”教学模式的核心理念、各项要求及规则。教师应明确指出学习的重点和内容，确保学生对接下来的任务有清晰的认识。教师要鼓励学生在他们的小组内承担特定的职责和角色，具体角色分配如表 4–4 所示。

表 4–4　“阅读圈”各成员的角色分配示例

角色	具体任务
讨论组织者	主持整个讨论过程，并准备相关问题供圈内成员讨论
词汇总结者	摘出阅读材料中的与文化专题相关的重点词语和好词好句，引导圈内成员一起学习
总结概括者	对所有阅读材料的文化元素和内容进行总结并与组员分享，总结、评价小组活动的内容和成果
语篇分析者	提炼阅读材料的重要的语篇信息并与圈内成员分享
联想者	将所读阅读材料与文化专题相对应的中国文化的内容建立联系，结合最新的社会文化发展动态进行批判性评价
文化研究者	从阅读材料中找到与自己相同、相近或者不同的文化元素和内容，并引导圈内成员进行比较

3. 准备任务

继完成任务布置后，教师着重指导学生进行个体思考，帮助他们将待讨论的问题及其思考成果文字化。考虑到“阅读圈”中的每个成员都有其独特的角色，教师要激励学生尽职尽责，毫无保留地分享他们对文化内容的独特见解。

4. 任务执行

学生在教师的指导下努力工作，完成既定任务后，各小组开始针对自己所负责的部分进行整合，处理所获取的信息，进一步拓展思维，确定汇报内容，并制作出 PPT 以展示他们的核心成果。此环节为学生展示、讨论和分享的时机，它旨在激发学生的多元思维并加深其对文化知识的讨论。教师在这一环节中应发挥其组织与引导的作用，确保讨论活动的高效进行，同时注意对讨论中可能出现的歧见或偏题行为进行调整与纠正。

5. 任务评估

学生展示结束后，进入任务评估环节。评估形式多样，既可以让学生进行自我评价，也可以让学生之间互相评估，或者由学生与教师共同评价。在学生互评中，可以基于各“阅读圈”展现的成果以及成员的讨论表现进行互评。完成学生间的互评后，教师进行综合点评，对各小组以及学生的表现进行总结与评价。这里，教师需要注意，评价时应当尊重学生对于文化内容的多样解读，更应着重关注学生的思考深度和宽度。对于那些在讨论中表现出色的学生，教师应当给予肯定与鼓励，以激励全体学生更为热情地参与此类活动。

（二）以语篇和语境为主展开分析

阅读中的困扰经常源自一个熟悉的词语在某种文本背景下的意义无法被精确把握，或是整个篇章的理解困难。其中的难点有时在于学生对于中西方文化差异的忽视，这往往会让学生感到迷惑。对此，教师应采取一种全局性视角来逐步提升学生的阅读能力。在这种教学方法中，教师需要完成三个关键任务：首先，帮助学生认识到不同语言之间的逻辑结构差异；其次，使学生明了不同语言的表达方式；最后，教育他们理解不同语言在修辞层面的区别。

1. 介绍逻辑连接

（1）显性与隐性。在阅读过程中，可以发现文章的逻辑关系主要通过连接词来实现。在阅读英语语篇时，常常可以看到一些连接词，如 but、and、of 等，这些连接词通常被称为“语篇标记”。与此相反，对于汉语篇章来说，在构建逻辑关系时并不需要依赖某些连接词，读者可以通过分析故事的前后部分来进行判断和理解。英汉两种语言，一种依赖形式，一种依赖意义，存在着明显的差异。例如：

夜郎自大。

The kingdom of Yelang thought too highly of itself.

从上述例子中可以看出，汉语在表述中并未用到连接词，读者可以直接理解其意思；而在英语表述中，为了让读者更好理解，需要加上连接词 of，这样才有助于理解。

（2）浓缩性与展开性。除了逻辑连接的不同，汉语和英语在语义层面上也有显著的差异。英语和汉语的思维方式大不相同，这导致英语在表达时呈现出高度的浓缩性。如果依然采用汉语的阅读方式，将大量的信息逐一翻译成中文，显然是不合适的。相反，汉语展现出强烈的开放性，如倾向于使用短句等，通过逐步的阐述来清晰地表述一件事情。例如：

He admitted, quite honestly, that "having a sister must be wonderful" and easily won the sympathy of the soft-hearted Jane for being alone in the world, a lone wolf without family or friends.

他承认，"有个姐姐一定很棒"这话诚实真挚。他孤苦伶仃，没有家人也没有朋友，善良的简听了后，立刻同情他。

在这个例子中，quite honestly 是状语，为了使句子的逻辑关系更强烈，作者进行了强调翻译。英语与汉语的介词也是有所不同的，使用 with 就可以增强句子内部的连接性。如果要细分，可以发现汉语句子的阅读更多是根据句子的次序展开的，一旦读者心中有了这种意识，在阅读时就会有所侧重。

（3）直线性表述与迂回性表述。除了前述差异，英汉文章的表述方式也有显著不同。英语的写作习惯往往是将主题直接放在句首，然后逐步进行详细阐述，而汉语则强调对事实的铺陈和罗列，将所有要点阐述完毕后再抛出核心议题。例如：

The scorching heat of the desert can be a major obstacle for travellers.

沙漠中酷热的温度对于旅行者来说可能会是一个巨大的障碍。

在上述例子中，英语句子直接在开头提出了核心信息，而较为次要的信息则放在句末。然而在翻译成汉语后，核心信息被放在句末，以更贴近汉语的表达习惯。

2. 讲解表达方式

（1）主语与主题。分析英语文章时，人们通常可以迅速定位到句子的主语，当然也有例外，比如省略句。除此之外，人们通常可以快速地找到存在于句子中的主语，有些句子中还存在主谓一致的现象。而汉语句子的结构也非常清晰，虽然无须保持主谓一致。例如：

The powerful engine of the ship ensured a swift journey across the ocean.

船上的强力引擎确保了穿越大洋的快速航行。

从上述例子可以看出，句子有明确的主语，并且主语与谓语保持一致。但在翻译成汉语后，为了符合汉语的表达习惯，需要在句末进行具体描述。

（2）主观性与客观性。东方和西方的思维模式有显著的不同。西方人倾向于采用更加客观的思考方式进行问题分析，他们的句子主语也多是无生命的事物，表达更为客观。而东方人更倾向于直观的思考方式，常常采用有生命的事物作为句子的主语。受这种思维方式的影响，英语在主被动语态上并没有明显的划分。例如：

All three meeting rooms are utilized when the conference is in full swing.

当会议正在进行时，这三个会议室都在使用。

可以看到，英语句子使用了被动语态，而其汉语翻译则表现出一种隐含的语态。

3. 明确修辞

（1）拟声。英汉语中的拟声修辞几乎完全相同，都是对事物发出声响的模仿，从而使语言更加生动。例如：

Whee-ee-ee 呜呜呜

Ta-ta-ta 嗒嗒嗒

（2）拟人。在英汉两种语言中，都有一种修辞手法，即拟人。这种手法将非人的事物赋予人的特性，使其如同人一般表现。例如：

The sun kissed the morning dew.

太阳亲吻了晨露。

（3）夸张。夸张是在现实的基础上，对某一特性进行艺术性的放大或缩小，以达到强调的目的。例如：

She was laughing her head off.

她笑得前仰后合。

（4）对偶。对偶是一种既在英语中又在汉语中常用的修辞方式，其中包括字数、结构等方面的相似或对比。对偶不但具有强烈的节奏感和整齐的音节，而且在内容上具有较强的概括性。例如：

Good advice is always certain， but caution is needed more than ever.

良策固然可贵，但谨慎行事更胜一筹。

（5）比喻。英语中的明喻（simile）和汉语中的明喻在本质上是相同的，都表示本体和喻体之间的相似关系。然而，并不是所有的英语明喻都能和汉语的明喻一一对应，有时需要通过意译或转换等方式，使其符合汉语的表达习惯。例如：

He fights like a lion.

他如狮子般战斗。（两者对应）

As quiet as a mouse.

鸦雀无声。（意译）

英语中的暗喻（metaphor）在很多方面与汉语的隐喻相似，它既包含汉语的隐喻特性，又包括借喻和拟物的特性。例如：

He is a snake in the grass.

他是草中的蛇。

（三）构建阅读文化图示

图式理论深入地揭示了阅读的核心要义，它突出了阅读实质上是一个涉及读者大脑内所存储的相关主题知识与接收到的文本信息之间的互动和交流的过程。这一理论为阅读研究提供了科学的理论依据，既重视了文化背景知识和主题知识的影响力，还明确指出了词汇和语法在阅读中的不可或缺的作用。下文将从读前、读中、读后三个环节进行深入探析。

读前环节可以视为信息的启迪阶段。在此期间，图式的预测作用显得至关重要。为了更好地利用这一功能，教师可以设计一系列的活动，如团队讨论、预期判断或思维碰撞等，这些活动旨在唤醒学生大脑中的图式。通过自上而下的阅读方法，学生能够将自己的背景知识与文本内容相互融合，达到激活和构建图式的目的，为后续的阅读活动打下坚实的基础。

读中环节可以看作文化的渗透阶段。在这一时期，图式的信息处理功能得到了充分运用。学生采用自上而下的阅读模式，深入挖掘文章的整体构架与思路。新的文化知识可以通过这种阅读方式得到，从而助力于内容图式和阅读技巧的构建，在此环节，如略过读取、深入解读等方法都可以看作有效的阅读策略。

读后环节被称作文化的延伸阶段。这一时期，图式的记忆组织功能起到了核心作用。为了加强新图式的稳固性，教师可以策划各种互动式活动，如辩论会、角色模拟、集体探讨等。图式理论认为，学生脑海中的图式储备越丰盈，其预期和推理的能力便越出色，因此，除课堂内的学习外，课外的阅读活动同样具有举足轻重的地位。

阅读文化图示模式如图 4–5 所示。

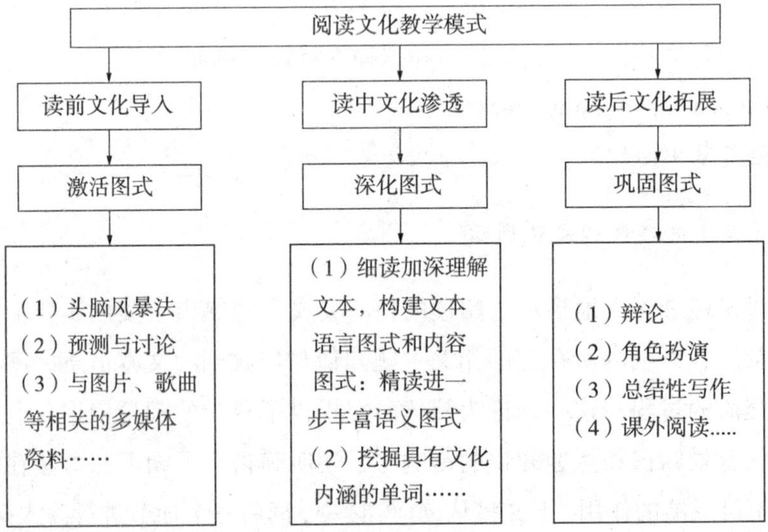

图 4–5 阅读文化图示模式

1. 读前文化导入——激活图示

（1）头脑风暴法。头脑风暴法在英语阅读的导入环节得到了广泛应用，利用此法，能够激发学生大量的联想，进而启动大脑并建立新的图式。在这一过程中，为了满足特定话题的需求，教师需为学生设计创意丰富的头脑风暴活动，确保学生能够融入课堂。

（2）预测与讨论。在阅读前期，强调图式理论的应用时，教师应鼓励学生发挥其解析与推理能力。通过对待阅文本的初步解读与预测，学生能够激活并扩展他们的图式。

（3）运用多媒体资料。在文化知识的导入环节，教师需高效利用多媒体资源，使学生能更加生动地体验文化教学的魅力。通过多媒体工具，学生得以更为直观地感知和理解语言文化知识，尤其是东西方语言文化之间的微妙差异。多媒体工具能刺激学生的图式，还能在现有图式的基础上进一步扩展其内容图式。

2. 读中文化渗透——深化图示

进入阅读的中期，教师可以深化文化知识的渗透，以更丰富的内容充实学生的图式，助力学生更为顺利地展开阅读活动。在这一教学过程中，利用如扫读、略读等策略可以帮助学生构建更为灵活的图式，激活学生大脑中存储的相关图式。当进入文章的细读阶段，教师应指引学生深入探讨与文章语篇紧密相关的文化内涵，并助其消除在正式阅读过程中可能遇到的困难与障碍。在整体阅读中，通过略读和扫读方法，学生可以快速把握文章的核心思想，获取关键信息和主要结构，这种做法是构建与文章相关的内容图式的关键步骤。而扫读策略则让学生按照教师的指引，在文章中寻找和定位具体的信息点。通过细读策略，结合上下文线索，学生能够精准地解读每个单词的含义，特别是那些带有浓厚文化内涵的单词，这样做无疑会进一步丰富学生的内容图式。

3. 读后文化拓展——巩固图示

在读后环节，学生的记忆功能成为关键所在，应采取多种方法来确保他们对阅读内容的深刻理解与记忆。

第一，辩论。针对阅读材料里的关键内容和议题，教师可以设计辩论活动，在这一过程中，学生得以巩固文中的内容图式，且能更为深入地钻研文化含义和文化背景知识。

第二，角色扮演。学生学习并吸收文中的文化信息后，再回到文本中，但这次他们分别扮演着某一角色，教师应进行适当引导，让学生对文本进行微调或模拟某一情境，增强学生的学习兴趣和参与感，训练他们在实际语境中的应用能力。

第三，总结性写作。它能助学生深化对文本内容的理解，帮助学生将短时记忆中的知识转移到长时记忆中，为长期储存和运用打下基础。

第四，课外阅读。教师除了对课内内容进行巩固，还应鼓励学生进行广泛的课外阅读。这样，学生不仅能培养自主学习的习惯，还能通过各种阅读材料不断地扩充和完善自己的内容图式。

（四）语块教学法

语块在语言中是经常出现的固定结构，通常由多个单词组合而成，它具有确定的形式和意义，并在特定的语境中使用。这一语言单位不仅在词汇和语法方面起到关键作用，而且通常被人们整体记忆、处理、存储和调用。语块是英语中的基础单元。

这种语言结构有以下三大显著特点。

第一，稳定性。在英语的自然对话中，高达 80% 的内容由各种语块结构组成，这些结构的变动性相对较少。

第二，自主性。各个语块都有其独立性，而不受其他语块的影响。

第三，扩容性。与单个的词语相比，语块传达了更完整的意义。它不仅限于单纯的词语组合，而且已经拓展到句子乃至整篇文章的层面。

有学生发现，仅仅掌握语法、词汇或阅读技巧，并不能显著提高阅读效率。这是因为，与母语者相比，外语学习者在语言知识上的表现方式差异很大，母语者的语言知识更多地基于语块，而非分析型的语法规则。如果语言学习者没有掌握足够多的语块，他们的语言能力将会受到限制。因此，在英语阅读教学中融入语块理论是非常关键的，它能加强语言输入，增强输出。

通过采用语块形式进行阅读，学生的阅读速度会得到显著提高。一方面，语块可以将多个小型、关联紧密的单位合并为一个大型单位，增加短时记忆的容量，减少信息处理时间，并加快阅读速度。另一方面，当学生快速浏览文章的标题、开头和结尾，以及各段的主题句时，如果能有意识地关注文章中的功能性语块，同样能够提高阅读速度。一种有效的策略是先让学生浏览整篇文章，对其大致内容有所了解，接着指导学生学习不熟悉的语块以克服可能的阅读障碍。学习这些陌生的语块不仅仅是学习词语本身，更重要的是掌握其语法结构和与之相关的语用功能。当学生习惯以语块的形式阅读时，他们也会习惯以语块的形式进行整体理解，从而提高阅读效率。

第四节　基于跨文化能力培养的英语翻译教学

一、翻译概述

（一）翻译的认识过程：从直观到总体性

翻译的探索轨迹可以划分为直观式阶段、语言艺术式阶段、审美艺术式阶段和总体性阶段这四个阶段。在探索的早期，人们对翻译有了直观的、感性的认识，通常是通过一些生动的比喻来描述翻译的特点和价值。当认识进入语言艺术式阶段，人们开始通过语言的美感来描述和评价翻译，尽管这些描述可能不够系统，但其中的一些观点对翻译学的发展产生了深远的影响。例如，严复提出的“信达雅”原则，至今仍被认为是翻译质量的关键标准。

随着时间的推移，人们开始意识到翻译不仅仅是文字的转换，更是一个解决问题的过程。例如，如何用目标语言准确、生动地表达源语言中的某个词语或概念。由于大量的翻译活动都集中在文学作品上，对翻译的研究也多从文学的角度出发，所以以这种翻译方式为主的阶段被称为审美艺术式阶段。在这一阶段，研究者主要关注文学作品的审美价值，并探讨如何在翻译中保持或再现这些价值，但这种审美艺术式的研究方法往往只关注文学作品，忽视了非文学类翻译的价值和特点。

到了 20 世纪中叶，随着翻译学的进步，人们开始认识到，无论是文学还是非文学翻译，都涉及语言的转换和对应，这使得人们开始从语言学的角度来定义和研究翻译，这标志着翻译研究进入了总体性阶段。在这一阶段，翻译不再仅仅被看作文学的一种艺术形式，而被视为一种语言学现象。这种总体性的观点推动了翻译学的进步，使其从传统的文学翻译研究转向更为普遍、综合的翻译研究。

（二）翻译的特征

1. 客观制约性

所谓“客观制约性”，意味着翻译过程并不是一个完全自由的创作活动，而是受到多种客观因素制约的，这些制约因素既来自源语言文本本身，也来自文化、社会、读者期望等外部因素。

源语言文本中的信息结构、修辞手法、语境信息等都为翻译者设定了一定的“边界”，翻译者需要在忠实于原文的基础上进行翻译，这就要求他们对原文的内容、风格和意图进行准确的把握，确保翻译后的文本既符合目标语言的习惯，又能有效传达原文的意义。每种语言都是其所属文化的载体，在翻译过程中，如何处理文化元素、如何避免文化误读都是翻译者必须面对的问题，翻译者要具备语言能力和跨文化交际的能力。社会背景和读者的期望也是影响翻译决策的重要因素。例如，某些信息在目的语文化中可能被视为敏感或不恰当的，翻译者就需要考虑如何处理这些信息，以适应目标读者的接受程度。

2. 主观能动性

主观能动性突显了翻译者在翻译过程中所发挥的积极作用和主导地

位，这一特质是翻译活动中不可或缺的元素，因为每位翻译者都带有自己的文化背景、知识结构和经验，这些元素在翻译过程中不可避免地会对其产生影响。翻译活动并非机械地将源语言文字转化为目标语言文字，相反，翻译者经常面临多种可能的译文选择，这时，他们的解读、判断和选择都显得尤为关键。例如，对于某些文化特定的概念，可能没有直接的对应译语，翻译者需要依赖个人的理解和创意，选择最合适的方式来表达。同样，对于模糊、多义的词语，翻译者必须根据上下文、自己的知识和经验来确定其准确含义。

主观能动性并不意味着翻译者可以完全按照自己的意愿去解释和转述原文，这种能动性应当受到一定的制约，确保译文既忠实于原文，又符合目的语文化的接受习惯。实际上，优秀的翻译者往往能够在忠实与创新之间找到一个平衡点，既保留原文的风格和意境，又使译文流畅自然，易于读者理解。主观能动性为翻译活动提供了丰富性和多样性，使得翻译不再是简单的复制过程，而是富有创意和深度的表达活动。

（三）翻译的过程

1. 理解阶段

理解原文的深层含义需要深入研究其上下文，这是翻译过程中不可或缺的一个环节。所谓上下文，它可以是一段话、一个句子，也可以延伸到整章或整篇文章的内容。透彻地理解原文是确保翻译精确性的基石。要实现这一目标，译者需要精确掌握语言要素，如词语的多种含义、句子结构和常用表达方式，也要理解文本中的各种事物及其文化和历史背景。例如：

（1）Break a leg!

直译这句话可能会被误解为“断一条腿”。但在英语中，这实际上是一种祝福的说法，希望对方在表演或某项活动中表现出色，因此，这句话应翻译为“祝你好运”或“表现出色”。

（2）He could eat a horse.

字面上来看，这句话的意思是“他可以吃一匹马”，但实际上，这是表示极度饥饿的一种夸张说法，其真正的意思是“他很饿”，更为合适的译文是“他饿极了”。

（3）The ties produced in our shop are stylish because of their unique patterns and vibrant colors.

这句话描述的是某商店生产的领带因独特的图案和鲜艳的颜色而显得时尚。翻译时，可以这样表达：“我们店里的领带因别致的图案和明亮的色彩而别具一格。”

这些例子凸显了深入理解原文和上下文之间关系的重要性，特别是在翻译工作中。在进行翻译之前，首先确保自己完全理解了原文的含义，这样才能更准确地捕捉到文本的真正意图，这也强调了翻译不仅仅是语言层面的转换，更多的是对文化和背景知识的理解和传达。

2. 表达阶段

翻译的表达阶段是译者将从原文中获取的信息和理解，用目标语言重新呈现的过程。一个译者如何表达取决于他对原文的深入理解以及他对目标语言的熟练掌握，虽然理解原文是翻译的基石，但仅仅理解并不意味着可以完美地表达出来，在表达过程中，译者需要使用各种方法和技巧。后续章节会对这些方法和技巧进行详细探讨，本节先探讨直译和意译的差异。

直译，也称为逐字翻译，要求译者在译文中既传达原文的内容，又保持与原文尽可能接近的形式，特别是在目标语言允许的范围内，故要保留原文的词序、句式、修辞手法和各种具有民族特色的元素。

例如：

（1）Every cloud has a silver lining.

每片云背后都有银边。

（2）The pen is mightier than the sword.

笔比剑更有力。

直译的基础是语言间的共通之处。在很多情况下，目标语言的结构和原文的结构是相似的，这时候直译是最佳选择。但并不是说直译总是优于意译，或意译总是优于直译；而是在某些特定的情境下，直译可能更为恰当，而在其他情境下，意译可能更有优势。直译的优点：①有利于不同文化之间的交流，促进外来文化的引入；②有助于保留原作的特色和韵味；③可以引入新颖的词汇和表达方式，从而丰富目标语言。

（3）Rome wasn't built in a day.

罗马非一日建成。

（4）The ball is in your court.

球在你的场地上。

以上这些例子都采用了直译的方式，它们不但忠实于原文的思想，而且保留了原文的特定语言形式和风格。

意译，是一种自由的翻译方法，主要针对那些直译可能导致表意模糊或者不自然的情境。这种翻译方法更加注重传达原文的核心思想，而不是严格地按照原文的语言形式进行翻译。意译的目的是确保译文的自然流畅，并忠实于原文的意图，而不是具体的措辞或结构，但这要求译者确保原文的主旨得到准确的传达。在翻译实践中，译者经常会面临一个问题：是应该直译还是意译？这个决策主要基于两个考量。首先，考虑目标语言和源语言之间的文化和语言差异，当这些差异使得直接转换变得不自然或误导时，意译成为一个更好的选择。其次，考虑目标读者的需要和预期，有时，为了使译文更容易被读者接受和理解，可能需要对原文进行某种程度的调整或再创作。

每种语言都有其独特的词汇、语法结构和表达方式，当这些特点与另一种语言的特点产生冲突时，意译往往是解决问题的最佳方法。通过意译，译者可以绕过这些障碍，更加流畅、自然地传达原文的核心信息。例如：

（1）Every rose has its thorn.

每朵玫瑰都有刺。

（2）You can’t judge a book by its cover.

不能以貌取人。

正如意译的名称所示，这种方法主要关注意义，而不是形式。在某些情况下，如果译者试图使译文在形式上完全符合原文，可能会导致译文变得笨拙或难以理解。相反，通过对原文进行适当的意译，可以确保译文既忠实于原文的意图，又易于理解和接受。

需要注意的是，不同的翻译传统可能对“等效”和“对等”有不同的理解。一些外国翻译理论强调原文和译文之间在内容、形式、风格和效果等方面的完全对等，但实际上，这种完全对等的关系是很难实现的。例如：

（1）You’re barking up the wrong tree.

你找错了目标。

（2）It’s raining cats and dogs.

下着倾盆大雨。

（3）Every cloud has a silver lining.

困境中总有一线希望。

从这些例子中可以看出，若采用直译的方法，翻译可能会让读者困惑。例如，直接将“It’s raining cats and dogs”翻译成“下猫下狗的雨”将会失去其原有的意象和情感。但是，通过意译，译者可以更好地传达这些习语的实际意思。

直译有其价值，它努力保持原文的具体表达和风格，为读者提供了与原文相似的阅读体验。但在某些情况下，直译可能会产生模糊不清、难以理解或与目标语言不符的翻译。

意译更注重原文的内在含义和情感，它尝试捕捉原文的精髓，并用目标语言的自然表达来再现。通过意译，译者可以更好地为读者传达原文的真实意图，使其更容易理解和接受。但是这并不意味着意译总是优于直译，在某些情境下，直译更能体现原文的美感和情感深度，不过当直译无法提供一个清晰、流畅和可接受的翻译时，意译就显得尤为重要。

总起来说，无论是意译还是直译，其核心目标都是更好地服务于读者，为其提供一个既忠实又通顺的翻译。因此，在实际翻译过程中，译者应根据实际情况灵活选择翻译方法，确保译文既能忠实于原文，又能被目标读者理解和接受。

3. 审核阶段

翻译的完结并不意味着这项工作已经完成，每一篇译文都需要经过严格的译后审核，确保其准确性和流畅性。尽管译者可能已经倾注了大量的精力，但译文中总是可能存在遗漏或不当的表述，为了使译文达到既忠于原文又通顺易懂的效果，译后审核环节显得尤为关键。

在审核过程中，译者应将译文与原文对照，逐一检查关键信息，如统计数据、事件时间、特定专业术语等，确保其准确无误。例如，若原文中提到了“Eiffel Tower”，译者需确认其是否被译为了“埃菲尔铁塔”，并确保所有的单位、数值和日期等都与原文相符。

除了对照原文的核查，译者还应反复斟酌译文中的语言表达。有时，直接的翻译可能导致译文显得生硬或不自然，这时需要对其进行润色，使其更符合目标语言的语境和文化。例如，若一个西方的习语在中文中没有直接对应的表达，译者就需要寻找或创造一个既传达原意又符合中文习惯的说法。

二、翻译的跨文化传播功能

翻译具有很强的跨文化传播功能，具体表现为以下三点，如图 4-6 所示。

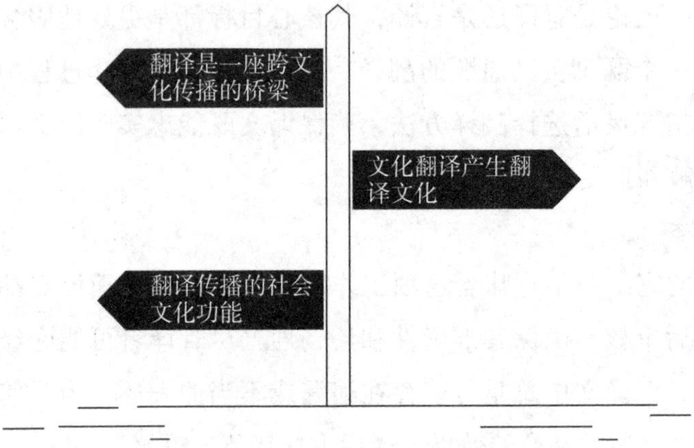

图 4-6　翻译的跨文化传播功能

（一）翻译是一座跨文化传播的桥梁

翻译，作为一种特殊的语言应用，历来被视为连接不同文化与语境的桥梁。它是语言的转化，更是文化、历史、习俗和价值观的相互传递和交融。当翻译者在工作时，他们不仅仅是对文字进行解读和再现，而是在解码原文中所蕴含的丰富的背景文化和深层次的意义，使得迥然不同的受众能够理解并欣赏。历史上，很多重要的文明交流和知识传播离不开翻译的功效，从古希腊哲学思想被翻译进阿拉伯世界，到东方的经典如《道德经》在西方流传，翻译都发挥着至关重要的作用。这种作用不仅在于文字的传递，更重要的是，通过翻译，人们可以理解并欣赏其他文化中的智慧、审美和价值观，从而推动世界各地的知识、文化和科技的共同进步。

作为跨文化传播的桥梁，翻译面临的挑战也是巨大的。语言是文字和语法，更是一个文化的载体，反映了一个民族的历史、习俗、信仰和世界观。翻译不仅要确保语言的准确性，还要捕捉到原文的文化内涵和深层次的情感。优秀的翻译者往往是那些既具有深厚的语言功底，又对两种文化都有深入的了解和体验的人。

（二）文化翻译产生翻译文化

文化，是社会的积淀，通过世代的学习和交往，在社会中得到了塑造和实践，它的历史特性使得它不是短暂的或是孤立的，而是代代传承的结果。这一传统致力人类对过去的理解、对现今的把握和对未来的预见，进而引导社会沿着有序的道路前进。文化，与生俱来的是它的动态性和多元性，意味着文化的流动不是单一或线性的，而是多方面和交叉的。

语言是文化的一面镜子，反映出一个民族的丰富多彩的文化维度。因此，文化的交流和传播不仅仅在物质层面，更深入地触及价值、思维、社交互动和情感表达等。这种传播包括了文化的各个方面和它们之间的复杂关系，还涉及深层的文化转化和变化。当涉及跨语言和跨文化的传播时，文化成为翻译的核心，而翻译为文化提供了传播的手段，允许各种文化通过翻译来传播、融合和延续。

人类历史上，文化之间的交互和融合始终伴随着翻译，丰富多样的文化共同塑造了人类五光十色的世界，而翻译则为这些各具特色的文化打开了沟通的通道，促进了不同文化间的信息交流和互动。这种跨越文化障碍的信息交流是人类社会的特色，它依赖特定的符号来进行思维的共鸣和文化的分享。翻译，作为这一过程的中介，负责解读和再现文化符号，因此它既有文化的属性，也有传播的功能。翻译不仅仅是文化活动，也是信息传播的手段。作为语言之间的桥梁，它承载着跨文化信息的交流，这一过程既受译者个人的知识、经验、世界观和价值观的影响，也受其所处文化环境的制约，深刻地反映了各个民族的独特文化印记。

文化翻译的结果是产生翻译文化，翻译文化有双重的解读方式。首先，它可以被认为是一个专门探索翻译理论和实践的研究领域，这包括了翻译标准、方法，以及翻译批评等相关内容，这是一个系统化的、学术性的文化体现。然而，其更广泛的含义来自跨文化交流的视角，它代表了通过翻译进入另一个文化的源文化，以及在与目标文化相互作用后所产生的文化形态。这种新的文化往往被称为“第三文化”或“混合文化”。

这一演变过程体现了文化从被介绍到融合，然后到进一步发展的阶段；体现了文化从简洁的表达到复杂的交织；体现了文化从基础层次到更高的层面；体现了文化从单一文化到多元文化的交织。事实上，从文化翻译到翻译文化的旅程，揭示了在跨文化传播框架内，翻译如何从开始到最终实现其传播效果和功能的全过程。

（三）翻译传播的社会文化功能

翻译在社会文化层面上展现了强大的功能，社会的演变与文化的进步与活跃的翻译行为息息相关。通过翻译，特定的文化甚至社会结构可能被重新塑造，或者能够为不同的文明带来前所未有的进步。

随着全球化的脚步而来的是信息传播和大众传媒的急速增长，这导致经济和文化变得密不可分。在这样的背景下，翻译不仅是跨文化信息传播的手段，更是一个不可或缺的工具和渠道。为此，现代翻译研究需超越语言和文字的界限，更多地将翻译放置在全球化的大背景下进行探索，毕竟，研究翻译本质上就是探讨如何跨文化，尤其是当它涉及多种文化的相互作用和比较时。文化研究的重要性与翻译研究的兴盛是相辅相成的，如果跨文化研究是一个跨学科的新兴领域，那么以语言转换和文化解释为中心的翻译研究也应当被视为一个独立的学科。从更广阔的视角来看，翻译实际上是一种跨文化的活动和现象。考虑到翻译长期以来都被视为一种跨文化传播的关键手段，在人类的历史文化进程中，翻译的不可替代的功能明显超越了任何形式的人工智能。

翻译传播的功能可以概括为以下几点。

1. 促进文化整合

翻译作为一个强大的文化整合工具，对异质文化有着独特的整合作用。文化不是由零散的元素组成的，它具有相互协调、共生的特质。文化的交流和传播是推动文化整合的关键，能够创造新的文化结构和模式。简而言之，人类发展的历程是各种文化通过翻译进行整合的历史。

在具体的文本翻译中，整合文化信息意味着使译文包含原文的文化特质和意境，这个整合过程要求对文化信息的载体——语言、背景、事件、情境等进行深入的了解和重组，这种要求使译者需要具有出色的跨文化意识和文化信息的感知能力。当翻译文化在目标语的社会环境中传播时，它会与目标语的文化要素相互作用，经过碰撞、冲突或融合，最终形成新的文化形态。总起来说，通过翻译形成的文化整合代表了不同文化的交融、重组，是异质文化之间互相学习、借鉴、认同，最终走向统一的过程。

2. 促成文化增值

文化增值可以被视为文化在内容和规模上的扩张，是文化的重新塑造和创新。在这一过程中，文化的原始价值或意义在传播中衍生出新的价值和意义。一个封闭的、不具创新性的文化不可能实现增值和再生，随着时间的推移，这样的文化往往会被淘汰。翻译能够为一个文化体系引入其他文化元素，丰富并促进其文化的繁荣与进化。更重要的是，跨文化翻译传播不仅仅是将两种文化简单地结合起来，还可以产生出乎预期的结果，激发对更多知识和信息的渴望以及无限的创造力，这可以被比作两种文化融合后产生的化学反应，可能导致其中一种文化或社会经历根本性的变革。翻译传播被认为是形成、保留和发展人类多元文化的关键路径。通过这一过程，翻译为文化注入了新的生命力，使其得以增值和再生。

3. 形成文化积淀

翻译的过程使源语言的文化财富在目标语文化中得到接纳和传播，逐渐成为目标语言社会中的文化资产，这种方式使异语文化得以积累和沉淀。文化的沉淀是一个代代相传的历程，也是一个在传播中不断吸纳其他优越文化的创造过程。这种文化的积累推动了人类文明的共同进步和发展，例如，古代印度的佛教文化在本土已经衰退，但通过佛经的翻译，在中国得到了保存，并融入了中国文化。

4. 推进文化变迁

每当一个文化元素通过翻译被介绍到另一个文化圈时，它不仅仅是被动地接受和吸收，更多的时候，这个文化元素会与新的文化背景产生互动，发生碰撞、融合，甚至重塑。这种跨文化的交流和碰撞，为文化的进一步发展提供了契机。例如，某些文化的艺术、文学或哲学观念，在另一文化背景下可能会被发掘出全新的解释或价值。这样的交叉融合为文化创新提供了无穷的灵感，它鼓励了不同的文化体验、探索和尝试，使得文化始终保持生机和活力。在这个过程中，翻译的作用并不是简单的“传递”或“复制”，而是成为推动文化变革、持续演化和深化的重要工具。翻译，从这个意义上来讲，为全球的文化多样性和丰富性做出了不可或缺的贡献。

三、英语翻译教学中跨文化交际意识的重要性

随着全球各地的经济与商业互动加速以及科技与现代媒体的不断发展，各种文化的交融和碰撞必将变得日趋深入和广泛。中国人走出国门，感受世界的多样性，与此同时，外国人也越来越喜欢尝试中国的传统活动，如学习汉字、体验中餐、观赏国粹艺术等。这些活动的核心都围绕着语言交流展开。语言作为文化的映射，反映了一个国家的思维模式、价值观和集体心智。在这种背景下，翻译不只是简单的文字置换，而是两种文化之间的传播工具。因此，在教授翻译技巧时，教师应着重指导学生深化对翻译的理解，强调翻译在促进跨文化交流中的重要性，并努力提高学生在实际翻译中的跨文化理解水平和沟通技能。

在中国，英语翻译的教学长期以来基于一种教师主导的模式，这种模式通常包括教师授予基础的翻译原理和技巧，通过一些实例来解释某一种翻译技术，并比较不同的译文以展示优劣之分。此模式存在一定的局限性，即过度关注句子级别的翻译，这样可能会导致学生对整体文本的理解受限，使学生在文化理解上存在欠缺。由此可见，文化差异已成为影响学生翻译能力的主要阻碍。所以，在教学过程中，教师不仅应讲解翻译技巧和原理，还要结合汉英两种文化的不同和语言特点，通过分析实例中因文化背景而带来的挑战，强化学生对跨文化差异的认识，这

在翻译教学中至关重要。

翻译活动是将一种语言文化中的信息传递到另一种语言文化中，它是跨语言和跨文化的沟通过程。随着各种文化间交往变得越来越普遍，翻译的重要性日益凸显，对译员的需求也在增加，并对译员提出了更高的要求。为了适应这一变化，译员不仅需要具备专业的翻译能力，还要成为深具文化修养的“文化使者”，拥有对文化差异的敏锐洞察力。因此，现代翻译教育应更重视培养学生的文化认知，确保他们在跨文化交往中能够准确理解文化因素。这意味着，翻译教育需要同步重视语言和文化的培养，以培养出新的高素质翻译人才，进而助力文化间的顺畅交流。

四、基于跨文化能力培养的英语翻译教学策略

（一）创造良好的跨文化翻译学习环境

要创造一个良好的跨文化翻译学习环境，关键在于教师和教育机构。他们可以采取一系列措施，引入世界各地的真实材料，让学生对照、分析并翻译；组织跨文化交流活动，如与外国学校开展合作项目或召开视频会议，使学生有机会与不同文化背景的人进行直接交流；设置模拟的跨文化交际场景，让学生在其中进行角色扮演，迎接翻译挑战。除此之外，教育机构还应为学生提供丰富的跨文化资源，如文化背景读物、影视材料等，并鼓励学生主动探索和研究。

（二）运用多样化方式推进翻译教学

1. 明确教学性质与目标

（1）明确高校翻译课堂的教学性质。翻译教学内容涵盖了翻译的基础知识、思维技巧的培养以及相应的教材。根据教学内容的范围，高校翻译课堂应表现出以下特质。

第一，翻译课堂不仅关注理论，更强调跨学科的内容交融，这意味着课程建立在坚实的理论基础上，重视对翻译知识的深入挖掘和应用。

这种理论与实践相结合的方式对于学生的整体发展至关重要。翻译的基础理论和对相关问题的探索思考都是提高翻译课程效果的关键。

第二，翻译思考在整个翻译课堂中占据着中心地位，它依赖对翻译知识的深入理解，是支持学生翻译技能成长的主要工具。通过这种方式，教学内容得以完善，有助于课程的持续进步。例如，教学策略应当根据特定的翻译知识进行调整，教学内容应当依据学生的翻译知识基础进行设计。只有充分认识到翻译基础知识的重要性，才能为学生提供更为系统和完整的翻译训练。

第三，教学的最终目标是培养学生的翻译思维和技能，这要求教师将学生的翻译能力和综合素质作为教学的核心，确保翻译教学的高质量和效率。对于高等教育机构来说，强化翻译课堂的实际效果和提高学生的综合素质成为核心任务。

（2）明确高校翻译课堂的教学目标。

第一，激发学生对翻译知识的学习兴趣。为了实现这一目标，教师需要激发学生对翻译学习的热情。确保学生对翻译学习的热情是高校翻译教学成功的关键，当学生对翻译的内容有兴趣时，他们的学习积极性将得到提高，这有助于他们更加深入地理解翻译的各个方面。

第二，提高学生翻译能力。翻译教师在课堂上不仅要教授翻译的基础知识，还要培养学生解决复杂翻译问题的能力。为了达到这一目标，教师需要通过拓展学生的知识视野、创新教学方法和内容，以及将翻译教学与其他相关学科如文化学等结合起来，为学生提供一个全面的翻译学习体验，系统地提高他们的翻译技能和对翻译知识的理解水平。

第三，促进学生翻译思维的提升。具有翻译思维意味着学生可以充分运用他们的感知和思考能力去理解、记忆、分析和创新翻译知识，教师应将重心放在翻译的基础理论上，确保学生可以从多个角度理解和运用翻译知识，从而提高翻译课堂的教学质量。

第四，注重多样化的培养目标。高校的教学理念和人才培养目标构成其教育的基石，这两方面为翻译课堂教学提供了明确的方向。然而，部分高校在这方面仍有待提高，这些不足主要体现在硬件和软件设施上，以及学生入学时的基本素质上。为了更好地推进翻译课堂教学，高校应根据翻译课程的具体需求来确定其教学方向，不断优化和完善翻译教学体系，以满足学生的实际学习需求。翻译课堂教学的核心目标可以概括为培养具备专业素质的翻译人才，激发学生的翻译学习能力，以及推动翻译教育的持续创新与发展。随着对学生翻译能力培训方法的深入研究，人才培养的具体目标也需要根据实际情况进行调整，确保始终围绕学生的发展需求和行业的发展趋势。

在翻译学科的教学中，高校不仅要注重培养学生的基础翻译技能，更要帮助学生深入理解翻译知识，培育其对翻译问题的探究和思考能力。学校还应注重培养学生的翻译精神，帮助他们成为翻译学习的主动参与者，只有这样，学生的翻译思维能力和发展潜力才能得到真正的激发和提升。总而言之，要实现翻译教育的持续发展，学校必须确保培养出具有专业素质、积极态度和创新精神的翻译人才。

2. 完善翻译课堂的教学过程

对于翻译课堂来说，教学内容与方法的选择关系到学生的学习效果，教学内容具体要包含翻译的基础理论、实践技巧和跨文化交流等多方面的知识。而在教学方法上，教师应结合学生的实际需求，采用案例分析、模拟实践、小组合作等多种教学手段，以增强学生的参与感和实践能力。

技术的进步为翻译教学带来了更多可能性。现代的教学工具，如多媒体技术、在线资源和专业软件等，都可以被有效地融入翻译课堂。利用这些工具，教师可以为学生呈现更为丰富和生动的教学内容，也能帮助学生更好地掌握翻译的实际操作技巧。

至于反馈机制，有效的反馈不仅能帮助学生了解自己的学习进度，还能为教师提供宝贵的教学建议。在这方面，教师可以采用互评、教学评议以及定期的课程反馈等方式，确保教学过程始终保持在正确的轨道上。

3. 推动高校翻译课堂的组织形式发展

教学组织形式的核心含义是，教师和学生为了达到既定的教学目标，按预定的教学标准来组织和实施教学活动。这种形式是为了确保教学目标能够被有效地实现。翻译课程中的教学组织形式涉及翻译教师运用适当的策略，根据课程的特性，按照明确的教学标准，来组织和实施教学活动。这些教学组织形式覆盖了教学的多个方面。

（1）翻译小组教学。翻译小组教学的模式是教师基于学生的翻译水平将其划分成各个小组，然后为这些小组提供教学指导的教学模式。在翻译小组教学中，教师根据每个小组学生的翻译学习状况，可以设定相同或不同的教学目标；根据学生的具体需要，教师选择相应或不同的教学内容。在这个基础上，教师采用多种教学方法来促进学生翻译能力的提高。这种小组教学方法是高校为了应对学生之间的差异而进行教学实践探索时所采纳的方法。

翻译小组教学具有显著的优点。例如，它能够考虑到学生的独特差异性，根据学生对理论的掌握情况和翻译能力将其分为不同的小组，并为不同的小组提供有差异的教学活动，满足个性化教学的需求，突出学生的学习自主性和主动性，从而更有助于学生在翻译理论和实践能力上的全面提升。但是，翻译小组教学也有其局限性，它更适用于较小规模的教学环境，同时可能需要更高的教学成本。并且，在某些情况下，它的教学效率可能并不高。

（2）翻译集体教学。翻译集体教学属于班级授课制下的教学组织方式，这种模式将学生按年龄划分为不同的班级，并为每个班级实施特定的教学活动。在这个过程中，教师遵照既定的教学目标和教学计划，在规定的教学时长内进行教学。利用这种班级授课的方法，教师为实现共同的教学目标，提供一致的教学内容，采用相似的教学方法，并设定统一的评价标准。该教学形式的特点是学生数量基本固定，所教授的内容具有高度的统一性，并且教学进度大体上是一致的。近年来，随着教育领域研究的深入，部分传统的教学模式已不再完全满足翻译教育的需要，因此，越来越多的高校选择了翻译集体教学这一方式。实践证明，这种方法有效地应对了教师资源匮乏的问题，并帮助高校在翻译教学方面取得了令人满意的成果。

在高校的翻译教学实践中，翻译集体教学方式体现出多样性，主要涵盖以下几个核心环节：组织教学活动、提供实践练习指导，以及根据教学内容布置具体的作业、明确相关要求与细节注意事项。值得注意的是，翻译集体教学为学生创造了丰富的互动与交流机会，这些机会不仅有助于学生间的相互学习，还通过各种交流与讨论锻炼学生的翻译思维，激发他们对翻译的兴趣，进而助推他们在翻译领域的深入学习和持续成长。

然而，翻译集体教学并非毫无短板。由于核心在于教学的集中性、内容的同步性以及评价的标准化，翻译集体教学往往只能基于学生的平均水平来制定教学目标，较难满足优秀学生的需求和后进生的需求，这样的模式可能导致一些学生对翻译学习的态度变得相对被动。在实际效果上，可能会出现两种情况：一方面，成绩优异的学生可能觉得不够有挑战性，难以提高；另一方面，学习进度较慢的学生可能感到难以跟上。这种现象实际上暴露了翻译集体教学在忽略学生差异性方面的问题，它未能根据学生的独特性和主观能动性来促进他们在翻译知识和技能上的发展，从而培养他们成为真正的翻译专家。

（3）翻译分层教学。分层教学作为一个独特的教学策略，其核心理念在于依据学生的知识掌握水平和学习能力，将他们分类到相近的教学层次中。在翻译教育领域，这种方法被称为翻译分层教学。为了实施这一教学策略，翻译教师需要对学生的各种能力进行全面评估，然后将他们合理地划分为不同的学习层次，为他们提供具有针对性的教学活动。分层教学是教育模式的一次重要创新，因为它考虑到了学生的个性化差异，更好地满足了现代教育的需求，有助于更高效地培养学生的翻译技能。

翻译分层教学的优势在于它的灵活性和对学生个体差异的充分考虑，它能够为每个学生提供与其能力相匹配的教学内容和活动，该教学策略真正做到了因人而异、因材施教，以满足全体学生的需求。对比传统的翻译集体教学，翻译分层教学在教学理念、教学模式和教学效果上都更具现代性，更能够满足当下教育的需求。从教育公平的角度来看，翻译分层教学无疑提供了更为合适的教育方式，以确保每个学生都能够得到恰当的培训和支持。

当然，为了使教学策略真正发挥其效果，必须考虑到教师和学生的比例，并为其设置合适的目标，以进一步完善翻译课堂的教学活动。关于教学模式的选择和运用，必须根据实际情况和时代发展的趋势来做决策，确保能够全面地培养学生的翻译能力，并促进他们的持续进步。

（4）应用型教学模式。应用型教学模式注重从实际应用的角度对学生进行培训，使其能够在实际工作环境中运用所学知识，并处理翻译中可能遇到的各种复杂情境。

在此模式下，教学内容不再是孤立的、离实际工作远的理论知识，相反，它会将实际翻译任务、真实文本和实际翻译场景纳入课堂。例如，教师可能会为学生提供真实的商务合同、文学作品或技术文档进行翻译，或者模拟真实的口译场景，让学生在紧张的环境中进行同声传译或交替传译。这样的教学模式，能够培养学生的应变能力和实际操作技能，使他们在学术界和工业界都能表现卓越。

但是，仅仅引入真实场景和文本并不够，为了真正发挥应用型教学模式的优势，教师和高校还须确保学生能够得到充分的反馈，了解自己在实际翻译中的优势和不足，从而不断完善自己。通过持续的实践和反思，学生能够加深对翻译理论的理解，在实际操作中磨炼技能，最终达到学以致用的目的。

第五节　基于跨文化能力培养的英语写作教学

一、英语写作概述

写作，作为一种书面交流方式，与口语交流站在同一起跑线上。两者并不是主从关系，而是两种平等且重要的语言输出形式。写作过程的复杂性不容小觑，因为这一过程涉及深入的思考，并受到知识、技能、文风、内容和结构等多个方面的相互作用和约束。若想打造出一篇无懈可击的作品，保持文风的一致性和结构的严谨性是关键所在。值得一提的是，写作绝不仅仅是简单地按照视觉习惯编排文字，更是一种对各种信息和问题进行深度加工的过程。写作总有其明确的目的，根据这些目的，写作可以表现为论文、报告等多种形式。通过写作，能够实现以下两个核心目标：写作可以作为学习语言的手段，学生通过写作，能够加强对新单词、语法结构和篇章知识的掌握与应用；写作也是表达自我观点的过程，学生在这一过程中，可以清晰地阐述自己的想法，锻炼思维和书写能力，不断提高自己的写作技巧和深度。

简而言之，英语写作是以文字为载体来传递思想和感情的过程，然而，语言与文化是紧密相连的，准确理解语言并融入文化，能够对写作的质量和准确性产生深远的影响。例如，汉语往往具有整体性和隐喻性的特点，而英语则偏重逻辑性和明确性，因此，学生在英语写作中必须避免仅用汉语的思维模式去组织内容，这样易导致作品难以被英语读者所理解。

二、文化差异对英语写作教学的影响

（一）词汇层面的影响

词汇是对客观世界的描述和映射，来自不同文化背景的人对同一现象或物体往往有不同的理解和联想。在英语写作中，选词和用词的准确性起到至关重要的作用，但学生为了扩充词汇资源常常会选择直接从词典中死记硬背。这种孤立、片面的学习方式只会让学生对单词的基础含义有所了解，而忽略了其中蕴藏的文化内涵和确切的应用场景，缺少真实语境的词汇学习常常让学生在英文写作时选词不当。

单词的意义往往比表面上的解释要复杂得多，它包含了该词在社会和文化中的特定意义和背景，这些社会文化含义反映了使用这种语言的人的思维模式、生活经验等。在英语写作教学中，教师需要指导学生深入了解西方文化背景，帮助学生在真实语境中理解英文单词的字面意思和文化含义，使学生准确并得体地选择和使用单词来表达他们的观点，这是写出高质量英语文章的关键。

（二）句法层面的影响

英语，作为一种形合语言，具备各种复杂的语法特点，如人称、单复数、时态和语态的多样性。其句型基础常常以主谓宾的结构为核心，但这个结构往往会被众多的短语和从句修饰，进而使得句子变得更加复杂。这种复杂性不仅仅是在表面结构上，更是在内容、逻辑和思考深度上，这种结构的复杂性也在某种程度上展现了西方文化中重视逻辑与理性的倾向。例如：

It remains uncertain if she continues to hold the title of the "Queen of the Industry" given the surrounding controversies, a title she once embraced with pride, but now seems reluctant to acknowledge due to, by her own admission, her bouts of pride and ego.

此例子是一个深度且复杂的句子，其主体部分是"It remains uncertain"句型，而其中的"if"，被省略的"that"和"a title"均用于引导相关的定语从句。而"due to"和"by her own admission"则用于构建状语从句。"a title she..."作为同位语增强了句子的信息量，使得整个句子结构严谨，信息量充足。

在对比中，汉语的句法形式相对简单，不太强调形态的变化。通常，一句英文中包含的丰富信息在汉语中可能需要几句话才能表达完全。并且，汉语的表达习惯更多依赖语境，句子结构更加灵活。例如，上述英文例子在汉语中的表达可能需要多个短句，并且顺序可能会出于叙述的需要而调整。

由于英汉之间的句法差异，学生在英语写作中需要摒弃单纯的汉语表达思维，而转向英语的形合型表达方式。学生需要学会使用各种英文短语和从句，将那些在汉语中需要多个句子才能清晰表达的内容，整合进一个英文句子之中，以使其更具逻辑性和准确性。这样的转变对教师提出了新的挑战：他们需要引导学生跳出传统的思维模式，鼓励学生更加深入地掌握和运用英语句法，以写出更具英语特色的句子。

（三）语篇层面的影响

英汉之间的文化和思维方式差异在学生英语写作的语篇结构上也有所体现。受汉语思维模式的制约，学生在文章中可能会表达得比较跳跃，而在句与句、段与段之间可能缺失了英文写作中常常强调的逻辑衔接和流畅度。这样，尽管文章中可能没有明显的词汇或句法错误，表达的意思也足够明确，但仍然会使得读者感到文中的连贯性和语言之美被削弱，造成阅读的不便。例如：

Henry James, the novelist, had an unusual childhood. In 1844, while still an infant, he was taken abroad by his parents for a year. Upon his return, he and his brother, William, were given private tutoring until Henry was twelve. At that time both boys were taken abroad to spend three years absorbing French and German culture.

虽然上述例子中的主题句和扩展句都很完整，也符合英文段落的常见结构，但由于缺乏适当的连贯和衔接，整个段落读起来感觉有些突兀。这样的文段，尽管信息丰富，但其跳跃性的叙述方式可能会令读者感到困惑，不易捕捉其中心思想。为了解决这一问题，可以考虑删减和主题不太相关的内容，将重要的信息进行整合和精炼，以使整体表达更为流畅和有条理。修改后的文段如下：

Henry James had an unusual childhood. While still an infant, he was taken abroad by his parents for a year. Upon his return, he and his brother were given private tutoring until Henry was twelve. At that time both boys were taken abroad to spend three years absorbing French and German culture.

因此，在英语写作中，语篇的连贯性和衔接性具有关键性意义。教师的首要任务是使学生理解英汉语篇结构的异同，然后引导他们在写作过程中注意使用连接词等衔接手段，以确保文章在启、承、转、合的过程中更为流畅自然，层次分明，逻辑清晰。这样，学生的英语写作将更容易获得英语读者的认可。

三、基于跨文化能力培养的英语写作教学原则

基于跨文化能力培养的英语写作教学原则主要包括以下几个，如图4–7所示。

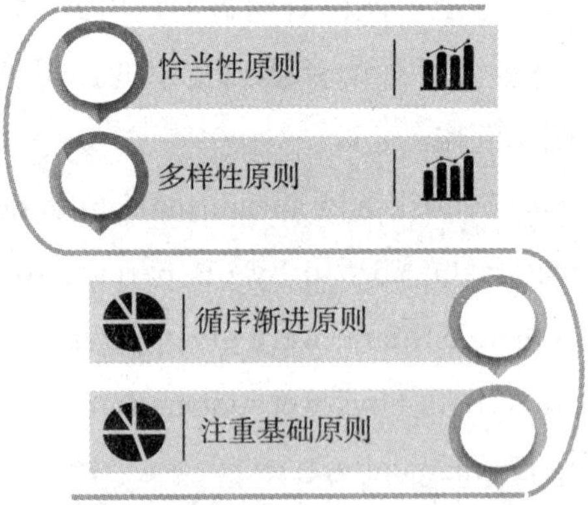

图 4–7　基于跨文化能力培养的英语写作教学原则

（一）恰当性原则

在英语写作教学中，恰当的任务设计至关重要。为确保写作任务的完成效果，任务设计需满足两大要素：第一，任务应能引发学生的思维激励，为其提供足够的创作素材；第二，任务要有助于学生语言技能的提高，如扩展词汇量和掌握新的句型结构。这两大要素不但体现了对教学方法的要求，而且是写作任务设计的基石。为了创建一个出色的写作任务，教师应确保任务内容与学生的实际经验和知识相契合，以便学生

能够借助个人经验进行深入的写作。同时，任务应与学生当前的语言水平相匹配，以确保学生能够有效地将所学理论应用于实际写作中。

（二）多样性原则

多样性原则强调在教学过程中，要欣赏和鼓励各种文化背景、观点和写作风格的差异性。跨文化能力不仅仅是理解和适应其他文化，更关键的是能够欣赏不同文化之间的多样性，将这些差异融入写作之中。因此英语写作教学应培养学生的跨文化沟通技能，使其更为自信地面对多文化环境中的写作挑战。教师应提供多种不同的写作任务和文本样本，帮助学生了解各种写作风格和技巧。

多样性原则还强调对学生个体差异的尊重。每个学生都有其独特的文化背景和经验，这些都是他们写作的宝贵资源。教师应鼓励学生发掘和利用这些资源，以展现自己独特的视角。教师还应鼓励学生保持开放心态，乐于接受与学习其他文化的知识和价值观，从而拓宽自己的视野和提高跨文化写作能力。

（三）循序渐进原则

1. 语言层面的递进

语言层面从基础到高阶。为了有效地提升学生的写作能力，教师应从句子写作开始，学生在此方面获得信心和技能之后，再逐步深入段落和文章的写作。由于课堂时间的限制，对句子的练习可以嵌入其他的技能学习中，如深入阅读和口语交流课程。有意义的活动，如句子结构的练习、句子补全、句子扩展等，都是极好的训练方法。熟练掌握句子写作后，学生可以向更复杂的写作任务过渡。

2. 语法结构层面的递进

语法结构层面从简单到复杂。一些学生在写作时会由于语法基础薄弱而受到限制，这种情况会大大降低他们的写作水平。为了应对这个问题，学生需要从基础开始，先学习简单的语法结构，然后再逐渐学习复杂的语法内容。例如，他们可以先学习简单句的结构，然后是复杂句和并列句；接着，从简短的句子到长句，从陈述句到虚拟句和感叹句。教师在教学中也应采用循序渐进的方法，逐渐增加语法结构的复杂度，确保学生能够在坚实的基础上进行进一步的学习。

3. 话题层面的递进

话题层面从熟悉到陌生。学生往往更愿意，也更容易写他们熟悉的话题。因此，开始时选择学生熟知并且感兴趣的话题进行写作是一个明智的选择。随着学生写作技巧的增强，教师可以逐渐引入一些较为复杂或是社会热点的话题，鼓励学生表达自己的观点，从而进一步锻炼他们的写作技巧。

4. 体裁层面的递进

体裁层面从简洁到详细。不同的写作风格和体裁对学生来说有不同的难度。记叙文这种体裁通常较为简单，之后是描述文，然后是说明文，最后是议论文，难度逐渐增加。因此，学生应该从记叙文开始学习，然后逐渐过渡到其他风格和体裁。

（四）注重基础原则

对于任何学习者来说，牢固的基础知识是必不可少的。在英语写作中，这就意味着对基础语法、拼写、词汇以及句型结构等的熟练掌握。无论学生的写作水平如何，这些基础知识都是至关重要的，因为它们是构建任何写作作品的核心元素。对于初学者，基础知识的学习可能是一个持续的过程，需要时间和实践的积累。但是，一旦掌握，这些基础知识就会变成一种自然的技能，可以被自如地用于各种写作场景中。强调基础学习的原则也意味着教师应该不断地回顾和巩固这些基础知识，确保学生可以熟练运用。

强调基础知识的学习并不是说学生应该完全遵循这些规则，而是说学生应该学会灵活运用。例如，尽管语法规则在写作中起着重要的作用，但在某些情况下，有意识地违反语法规则可能会产生强烈的效果。同样，虽然拼写和句子结构的准确性是非常重要的，但在某些情况下，使用非正式或者创新的方式可能会更有吸引力。

四、基于跨文化能力培养的高校英语写作教学策略

（一）英汉写作对比分析

1. 文化背景与写作习惯的差异

在英汉两种语言的写作中，文化背景和写作习惯的差异是不容忽视的。例如，汉语的写作常常采用修辞手法，如对仗、排比等，使得文章富有韵律感，而英语写作则更加注重逻辑性和简洁性。另外，汉语写作中常常出现“意象”的表达，在英语写作中可能需要更直接和具体的描述。例如，汉语中的“红颜旧，英雄已沉黄土”用以描述时光流逝和生命的无常，而在英语中可能会更明确地描述为“The beauty has faded, and the hero has passed away.”。

2. 语法结构与表达方式的对比

英汉两种语言在语法结构上有着本质的差异，汉语语法结构往往灵活，而英语的则相对固定。比如，在汉语中，可以说“这本书我读过”，而在英语中则需要遵循“主—谓—宾”的顺序，如“I have read this book.”。此外，英汉两种语言在使用时态、语态和虚拟语气上也有所不同。例如，汉语中没有明确的被动语态标记，但英语中的被动语态使用频繁。

3. 思维方式与论述逻辑的差别

英汉两种语言背后所蕴含的思维方式和文化也导致了其论述逻辑的差异。汉语写作常常使用“螺旋式”结构，逐步深入，细节描写丰富；而英语写作则倾向于“直线式”逻辑，先陈述主题，然后逐点论证。以描述一个事件为例，汉语可能从背景开始，逐渐引入正题，而英语则可能直接从事件本身开始，再给出背景信息。

（二）读写结合

1. 读写结合的重要性

阅读不仅是获取信息和知识的手段，更是提高写作技能的有效途径。通过广泛阅读，学生能够接触到各种文体、话题和表达方式，从而丰富自己的词汇储备、句型结构和写作思路。多样化的阅读材料也有助于学生对英语文化的深入了解，使他们能够在写作中更自如地运用跨文化知识。

2. 实施读写结合策略

实施读写结合策略，教师可以采用以下方法。

第一，选材策略。教师应选择与写作主题相关的高质量阅读材料，让学生在阅读过程中自然吸收相关的表达方式和论述逻辑。

第二，互动策略。教师要鼓励学生在阅读后与他人交流，分享自己的理解和感受，进而促进思维的活跃和写作思路的拓展。

第三，写后策略。在学生完成写作任务后，教师要提供与之相关的专业文章或文献，使学生能够对照、反思自己的写作。

3. 读写结合与跨文化能力培养

通过读写结合的策略，学生能够提高自己的语言表达能力，在不断的阅读和写作实践中，对外部文化有更深入的认识和理解。例如，阅读英国或美国的历史文献，可以让学生更好地了解西方国家的历史背景、社会价值观和人文思维方式。他们在写作时引用这些文化背景，能够使文章更具说服力，并避免因文化差异导致的误解。

（三）听写结合

听力与写作这两种技能，乍看之下似乎各自独立，但实际上它们在许多方面是互补的。利用它们的互补性，可以增强学生对英语及其背后文化的理解与掌握。听力作为接收信息的手段，它可以为写作提供丰富的素材。例如，当学生听取一段关于某一文化节日的描述时，他们不仅能够学习到与节日相关的词汇和表达，还可以了解到与之相关的文化背景、历史和传统。这种对于内容的深度了解为学生日后写作提供了真实、细致的素材，使得他们在描述或议论相关话题时更为深入。

仅仅听并不能确保学生完全理解和掌握所听内容，这时，写作便起到了巩固和验证的作用。在学生听完某个内容后，要求其进行写作练习，如概括、描述或评论所听内容，这不仅能够检验他们是否真正理解了所听材料，还能够帮助他们加深对相关词语、句型和文化背景的记忆，而当他们在写作中遇到困难或犯错误时，也为教师提供了及时发现错误并纠正的机会。

（四）仿写训练

仿写训练鼓励学生参考、模仿并重现优秀的英语写作实例，使他们能够深入体会和掌握原文的结构、语言特色和修辞手法。通过仿写，学生能够系统地练习各种句型、词汇和写作技巧，提高自己的语言表达和组织能力。而在跨文化交流的背景下，仿写更能帮助学生了解和适应英语国家的思维方式和文化背景。

（五）培养英语思维能力

语言并不只是简单的信息传递工具，它同样是思维的载体。具备良好的英语思维能力，不仅可以帮助学生更好地理解和掌握英语语言，更能使他们在跨文化交流中，准确理解和表达思想，避免由于文化差异带来的误解。

英语思维能力的培养是一个系统的、长期的过程。在实际教学中，可以通过各种方式来提升学生的英语思维能力。首先，需要强调语言实践。语言是用来交流的工具，只有通过语言实践，才能真正培养出语言思维。教师可以设计各种语言实践活动，如小组讨论、角色扮演、模拟对话等，让学生在真实的语言环境中使用英语，逐渐培养出英语思维。其次，需要提高学生的文化素养，语言是文化的一部分，没有文化的语言是空洞的。提高学生的文化素养，有助于他们理解英语中的文化内涵，避免在跨文化交流中出现误解。教师可以设计文化教学活动，如讲解英语国家的历史文化、社会风俗等，或者让学生阅读与文化相关的英语文章，从而提升他们的文化素养。最后，教师还要注重英语思维训练，思维训练是提高英语思维能力的关键。通过训练，学生可以逐渐从母语思维转变为英语思维。思维训练可以通过各种形式进行，如逻辑推理、问题解决、批判性思维等，都可以有效地提高学生的英语思维能力。

第五章　跨文化能力培养目标下的高校英语教师与教材

第一节　高校英语教师在跨文化能力培养中的身份构建

一、高校英语教师的角色定位

高校英语教师不仅是语言教育的传承者，更是跨文化交际的桥梁。他们的角色定位不仅关乎学科知识的传授，更与培养学生的跨文化能力紧密相关。

（一）信息的传递者和解释者

在现今的跨文化交际背景下，高校英语教师的责任超越了传统的语言教学边界。作为信息的传递者和解释者，他们必须确保学生能够正确解读不同文化背景下的信息，并且能够有效地传达自己的观点。课堂是一个理想的环境，教师可以在课堂上模拟各种跨文化交际情境。例如，当教师引用一个特定文化的故事或谚语时，他们既要传达故事的表面意义，还要解释背后的文化含义和价值观。这种深度的教学要求教师有出色的语言技能，更重要的是，他们需要对涉及的文化有深入的理解，并能够在不同的文化和语境之间灵活地切换，以确保信息的准确性和完整性。

仅仅传递和解释信息是不够的，为了确保学生真正吸收并理解所学，教师还必须具备批判性思维和反思的能力。他们需要不断地反思自己的教学方法，确保它们适应学生的需求，也要鼓励学生对所学内容提出疑问，从而深化学生的理解。这种教学方法能够帮助学生建立批判性思维，也能促进教师和学生之间的双向交流，使学生更加积极地参与学习过程。

（二）跨文化价值观的传播者

高校英语教师拥有独特的职责和机会，通过传播跨文化价值观，他们有能力对学生的世界观产生深远的影响。对于很多学生来说，他们的英语教师可能是他们首次接触到的具有不同文化背景的人，这为教师提供了一个宝贵的机会，将自己的经验转化为生动的教学内容。学生不仅要从教材中学习，还要从教师身上学习。当教师分享自己在其他国家的生活经验、文化观察和旅行见闻时，这些内容往往比教科书中的例子更加引人入胜。例如，一个教师可以分享自己在印度的旅行经验，描述与当地人的交往，解释他们的礼仪和习惯，以及自己对这些经验的反思。这样的故事增加了课堂的趣味性，还帮助学生更加直观地理解和感受跨文化交际中的挑战和乐趣。除了分享个人经验，教师还需要为学生提供工具和策略，帮助他们更加深入地理解不同文化，如组织小组讨论，让学生探索自己的跨文化经验，或者分析电影、音乐和文学作品中的文化元素。教师也可以鼓励学生参与国际交流项目或与外国学生互动，以便他们可以直接进行跨文化交际的实践。

为了成为有效的跨文化价值观的传播者，教师需要不断地更新自己的知识和技能，时常出国旅行，积极参与国际学术会议和研讨会，以及与具有其他文化背景的专家和教育者交流。只有这样，他们才能确保自己所传达的信息是准确和及时的，并为学生提供一个真实、生动和有深度的学习环境。

（三）学生跨文化学习的鼓励者

1. 跨文化交际理念的融入

在现代全球化的背景下，跨文化能力已经成为英语教学的重要组成部分，高校英语教师不仅要传授语言知识，还要将跨文化交际的理念融入每一堂课。教师要用真实的跨文化场景来解析语言点，使学生在学习语言的同时，对各种文化背景和情境有所了解。例如，当教授一种表达方式时，教师可以组织学生探讨其在不同文化背景下的用法和含义，让学生明白同一种语言结构在不同文化中可能有不同的解读。

2. 提供实践机会

纯理论的跨文化交际学习很难真正提高学生的实际应用能力，高校英语教师需要为学生提供更多的实践机会，让他们真正置身于跨文化交流的环境中。例如，可以组织模拟的跨文化交流场景，让学生扮演不同的角色进行对话；或者邀请外国学生或教师参与课堂讨论，为学生提供一个真实的跨文化交流平台；还可以利用数字技术，如视频会议、在线交流平台等，组织国际文化交流活动，让学生与世界各地的同龄人交流，分享文化和经验。

3. 为未来的职业和生活做准备

跨文化能力是学术要求，更是学生未来职业和生活的必备能力。随着经济全球化和国际合作的不断加深，越来越多的学生将会涉足国际工作或生活环境，这时，他们要用英语进行沟通，更要理解和适应不同的文化背景和工作方式。高校英语教师作为学生跨文化学习的鼓励者，要提供学习资源和机会，还要教给学生如何应对文化冲突、如何寻找文化共鸣，以及如何在不同的文化环境中取得成功。这种教学方式能够提高学生的跨文化能力，并为他们的未来职业和生活打下坚实的基础。

二、教师是跨文化能力的模范

（一）文化敏感性的展现

文化敏感性涉及对各种文化的真实认识，而非依赖刻板印象。在日常生活中，由于各种原因，包括媒体报道、电影和小说等，人们很容易对某些文化产生固定的观念，这些观念往往是片面的，有时甚至是误导性的。高校英语教师在讲授过程中需要重视这一点，通过实例和事实来纠正这些误区。例如，当谈及非洲时，许多学生可能首先想到的是饥荒和贫困，但这并不是这个大陆的全部，非洲也有着丰富的文化、历史和进步的科技，教师可以通过讲述非洲的古代文明、现代城市和各种文化活动来为学生提供一个更加全面的非洲形象。

理解文化背后的历史、社会和文化背景是培养文化敏感性的关键，当学生了解了一个文化现象的形成过程时，他们就更能够理解和尊重这一现象，而不是简单地对其进行评判。以中国的春节为例，这不仅仅是一个传统节日，还与中国的农业文明、家族观念和宗教信仰有关。当学生了解了春节背后的这些文化因素时，他们就可以更深入地理解这一节日的意义，而不是仅将其视为一个热闹的庆祝活动。

（二）持续的跨文化学习与成长

跨文化能力不是一个固定的技能，不能通过简单的训练或学习获得。相反，它是一个动态、复杂且持续发展的过程。就像语言学习一样，即使是流利的外语使用者也需要不断地练习和更新他们的知识，以应对不断变化的语言环境。同样，跨文化能力也需要个体不断地与不同的文化互动、挑战自己的观念和习惯，并从中学习。对于教师而言，展示自己在跨文化学习上的持续努力，可以为学生提供一个积极的榜样，还可以提醒他们，学习是一个持续的过程，需要耐心和决心。

教师在跨文化学习和实践中可以采取多种方式。例如，参加专门的跨文化培训可以使教师了解到最新的跨文化理论和实践，提高自己的教学水平；阅读关于其他文化的书籍、研究成果和文章可以帮助教师深入了解某一特定文化的复杂性和多样性；参与国际交流活动，如教学、研讨会或实地考察，可以为教师提供与不同文化背景的人直接互动的机会，增强他们的跨文化能力。教师应鼓励学生利用类似的资源和机会，提高他们的跨文化能力，为他们的未来职业和生活提供宝贵的经验。

（三）倾听与理解的能力

倾听，作为沟通的一个基本组成部分，往往被低估。在日常交流中，人们往往过于关注自己要表达的内容，而忽视了真正听取和理解他人的重要性，特别是在跨文化交流中，由于文化背景、价值观和信仰的差异，倾听和理解变得更加关键。当高校英语教师与学生探讨文化话题时，他们的倾听态度不仅是一个基本的教育方法，更是一个实践跨文化沟通技巧的机会。当教师深入、无偏见地听取学生的观点时，他们实际上展现了对多样性的尊重和对异文化理解的开放性。

有效的倾听可以帮助教师捕捉到学生的细微情感、疑虑或矛盾，从而更好地理解他们的需求和期望。例如，当学生分享他们与其他文化的互动经验时，他们可能会提到自己的困惑、好奇或不安。对于教师来说，这是一个寻找教学切入点，进一步引导学生探索和反思的好机会。通过倾听，教师也能够发现自己的认知盲点，进一步完善自己的跨文化教学策略。

（四）为学生提供跨文化资源与支持

在当今全球化的背景下，跨文化的资源和材料比以往任何时候都更加丰富和多样。从文学作品、电影、音乐到各种在线内容，这些资源为学生提供了一个窗口，通过这个窗口，他们可以深入了解其他国家和地区的文化、历史和社会，这些资源可以提高学生的跨文化知识和理解水平，培养他们的好奇心和批判性思维。例如，一部关于某个文化背景的电影，可能引发学生对于那个文化现象的深入讨论，改变他们之前的刻板印象，或者激发他们进一步探索的兴趣。

高校英语教师处于一个独特的位置，可以作为学生接触和探索这些跨文化资源的引导者。他们可以根据课程内容、学生的兴趣和需要，策划一系列的跨文化活动。比如，当教学内容涉及某一国家或地区时，教师可以推荐相关的书籍或电影，或者组织小型的研讨会，邀请外国学者或学生来分享他们的经验和看法；也可以介绍一些国际交流项目，鼓励学生参与。当学生看到教师提供的这些资源和机会时，他们往往会产生强烈的参与欲望，这些资源不仅满足了他们的学术需求，还为他们提供了一个拓宽视野、加深对外部世界了解的平台。随着时间的推移，学生可能会自发地寻找和分享更多的跨文化资源，从而形成一个良性的学习循环。更重要的是，通过这些资源，学生可以认识到跨文化能力的重要性，以及在日常生活和未来职业中应用这种能力的无限可能性。

三、教师在课堂中的文化调解者角色

文化调解者通常被定义为那些在两种或多种文化之间建立桥梁，促进理解和沟通的人。在教育领域，高校英语教师往往被赋予这一重要职责。

（一）文化碰撞的识别与处理

文化碰撞，简单地说，是当两种或多种文化相遇时由于理解和认知的差异导致的摩擦和不和。在高校英语教育的场景中，学生可能会经常遭遇这种碰撞。例如，当他们首次了解到某个国家的节日庆祝方式与本国完全不同，或者当他们发现某种英语习语在自己的文化背景下有着完全不同的寓意时，这种摩擦可能会导致学生感到困惑、不安或者有所抵触，因为它挑战了他们长期以来对世界的固有认知。高校英语教师在这个过程中的作用至关重要，他们需要及时捕捉到学生在文化学习中可能出现的困惑或误解。当学生对某个文化现象表示疑惑或不解时，教师需要迅速而准确地提供背景信息，解释这一文化现象的起源、历史背景以及在当地社会中的价值。此外，通过与学生的互动和对话，教师可以进一步深入学生的心智模型中，帮助他们建立一个更加开放和多元的文化视角。例如，当讨论某个国家的饮食习惯时，教师可以通过分享相关的历史、地理和社会背景，帮助学生理解这种饮食习惯是如何形成的，以及它在当地文化中的特殊地位。

除了提供知识和信息，教师还需要培养学生的批判性思维和反思能力，使他们能够从多个角度审视和评估文化现象，而不是仅仅依赖刻板的文化模型或先入之见。通过这种方式，学生能够更加深入地理解其他文化，并培养自己在复杂的跨文化环境中独立思考和判断的能力。

（二）文化误解的矫正

文化误解往往源于知识的缺失或信息的片面性。在高校英语学习的背景下，由于接触到的文化信息量有限，缺乏深入的、多方位的了解，学生可能容易产生对特定文化的刻板印象，这种印象可能来自流行文化、社交媒体或者日常生活中的随意评论。面对学生的文化误解，英语教师扮演着关键的角色，开放式的讨论是一个有效的手段，教师可以引导学生分享他们对某一文化的看法，然后再为他们提供更加深入和全面的背景知识。例如，当学生对某一国家的习俗持有刻板的看法时，教师可以分享该国的历史、文化和社会背景，帮助学生理解这一习俗的形成过程和背后的深层含义。组织相关的电影观看和文献阅读也是非常有效的方法，通过这些活动，学生可以直观地了解到其他文化的日常生活、价值观和社会习俗，修正他们的刻板印象，特别是当电影或文献中描述的场景与学生的误解恰好相反时，这种直观的冲击会更加有效地打破他们的固有认知。英语教师还需要鼓励学生批判性地审视他们从各种渠道获得的信息，学会辨别信息的真伪，避免再次产生误解。

（三）教师调解者对学生的深远影响

教师在处理与文化相关的议题时展现的敏感性、中立性和包容性，成为学生模仿的榜样，这种模仿不局限于课堂，而是会被学生带到日常生活中，成为他们处理跨文化交往的有力工具。在学术领域，具备跨文化交往能力的学生更容易在国际学术交流中找到合适的定位，理解各种研究背景，并与来自不同文化背景的学者建立起深入的交流和合作关系，这对于他们的研究工作、论文发表和学术成就的提升都有显著的帮助。而在职业生涯中，随着全球化的推进，多元文化背景的团队合作变得越来越普遍，具备跨文化交往能力的员工能够更快地融入团队，理解并尊重团队成员的差异，促进团队的和谐与高效发展，提高他们自身的工作满意度，为他们自身在职业发展中带来更多的机会。教师作为文化调解者的影响并不仅仅在于技能的传授，更重要的是，他们为学生传递了对多元文化尊重和欣赏的价值观。学生学会了如何在差异中寻找共同点，如何在交往中产生共鸣，这使得他们在个人成长的道路上更为宽容和成熟。

在这个日益全球化的时代，有着全球视野的年轻人是各国未来的宝贵资源。教师作为文化调解者，为学生打开了通往世界的大门，帮助他们建立起与世界各地的联系，培养出他们的国际视野，为他们的未来奠定坚实的基础，从而为各国的和平与发展注入了新的活力和希望。

四、教师与学校、社区的合作在跨文化教育中的作用

（一）培养全面的跨文化视野

教师与学校、社区的合作提供了一个多元、宽泛的视角，让学生能够在更广阔的范围内接触和理解多种文化。学校作为学术的殿堂，始终关注着理论知识的研究与传授，在这样的环境中，学生得以系统地了解不同文化的起源、发展以及各种文化理论，而教师扮演着指路人的角色，

他们指引学生在海量的学术资料中找到对文化的深入认识。但仅有理论知识是不足够的，文化本质上是活的，是实践的，这时，社区这一实践场所的作用便显得尤为重要。社区中的各种活动、习俗和交往都是文化的真实展现，当学生从学校的理论学习中走出来，进入社区时，他们有机会亲身体验和感受那些曾经只在教材中读到的内容，大大拓宽了跨文化视野。

（二）资源共享与优化

学校拥有的各种跨文化教育资源为学生提供了难得的学习机会。例如，专门的跨文化研究中心通常具备丰富的研究资料和专业的学者，学生可以从中获取到最前沿的学术资讯；而图书馆则为学生提供了一个深入挖掘文化知识的平台，从各种书籍、杂志和论文中，学生可以对某一文化现象进行深入研究；高科技的教育工具，如多媒体教室、语言实验室等，为学生提供了更加生动、直观的学习体验，使他们能够更为深刻地理解和体验不同的文化。

相对于学校的学术性资源，社区提供了更为实际和直接的文化资源。社区中的各种文化活动，如节日庆典、传统仪式或是当地的手工艺展示，都为学生展示了文化的真实面貌。通过参与这些活动，学生可以直接接触到文化的生活化表现，更为直观地理解文化的本质。社区中的社交事件和交流机会也为学生提供了与不同文化背景人群互动的机会。例如，一个国际友好城市交流活动，可能会让学生有机会与外国朋友交流，亲身体验不同的文化传统和习俗。教师在这一过程中发挥关键作用，他们可以为学生筛选、整合各种资源，确保学生在最合适的环境中，得到最有价值的文化学习体验。

（三）增强跨文化交流的实际性

1. 社区活动中的跨文化实践

社区为学生提供了一个无与伦比的真实舞台，使他们能够直接参与和体验跨文化交流。与传统的课堂教学相比，社区中的文化活动更注重参与和互动，这样的环境迫使学生走出舒适区，与不同文化背景的人群进行真正的沟通。例如，一个社区的国际美食节，可以让学生深入了解各国的饮食文化，也需要他们与外国摊主进行实际的交流，这样的经历可以有效增加学生的文化知识，还能够锻炼他们的实际沟通技巧。各种工作坊和讲座则为学生提供了深入探索某一文化领域的机会，他们可以在这些活动中与专家面对面交流，获取第一手的信息和经验。

2. 跨文化交流技能的深化与提升

在社区活动中，学生不仅仅是学习者和观察者，更是跨文化交流的实际参与者，他们需要运用所学的知识和技能来应对各种实际情境，如如何礼貌地拒绝某一文化的邀请，或如何正确地向外国朋友介绍本国的文化传统等。这些真实的交流经验为学生提供了宝贵的实践机会，帮助他们将理论知识转化为实际技能。更重要的是，这些经历也为学生带来了自信和成就感,使他们更加坚定地相信,跨文化交流不仅仅是学术研究，更是日常生活中的实际技能，对于他们的未来职业和生活都具有深远的意义。

（四）强化跨文化能力的应用

跨文化能力的真正价值体现为在实际情境中的应用。学生在课堂上获得的知识和技能，需要在真实的跨文化情境中得到检验和实践，教师与学校、社区的合作提供了这样一个平台。例如，学校可能会与外国学校建立合作关系，开展国际交流项目，学生有机会与来自不同文化背景的同龄人交往，这是对其跨文化沟通技巧的实际考验；而社区的跨文化活动，如国际美食节、文化工作坊等，也为学生提供了一个展示和实践自己所学的舞台，在这些活动中，学生需要运用自己的跨文化知识，与来自各地的人进行有效沟通，解决可能出现的文化差异和冲突。

实践是检验真理的唯一标准。只有在实际应用中，学生才能真正领会跨文化知识的深层含义，发现自己的不足和需要改进的地方，这种自我检验和反思，对于学生跨文化能力的持续发展至关重要。例如，一个学生在与外国友人的交往中可能发现，尽管他能够流利地使用英语进行沟通，但在某些文化习俗和细节上仍存在误解。这时，他就会意识到，跨文化能力不仅是语言能力，还包括对其他文化的深入了解。

（五）建立跨文化教育的持续性

1. 跨文化学习的连续体验

教育是一个长期、连续的过程，其中跨文化教育尤为突出，与学校和社区的持续合作为学生创建了一个丰富多彩的学习环境。例如，学校可能会提供长期的国际交流项目、暑期研讨会或海外实习机会；而社区可以通过举办定期的文化活动、艺术展览和语言交换活动，为学生提供更加实际和生动的跨文化体验。学生的连续体验，使其在不同的阶段、不同的环境中，都能找到适合自己的跨文化学习资源和机会，每一次的学习和体验，都为他们在跨文化理解和沟通上积累了宝贵的经验。

2. 为未来奠定坚实基础

跨文化教育的持续性意味着，学生即使在完成学业后，仍可以继续利用学校和社区的资源进行跨文化学习。他们在校期间建立的国际友谊、加入的跨文化组织，以及参与的各种活动，都为他们日后的生活和工作创造了无数机会。例如，他们可能会选择在外国工作、生活，或者参与各种国际项目和合作。此时，那些跨文化的经验和知识就显得尤为珍贵，他们已经拥有了一个坚实的跨文化基础，能够轻松应对跨文化交往中可能出现的各种挑战，展现出卓越的沟通能力和文化敏感性，这增强了他们在全球化背景下的竞争力，更使他们的人生旅程变得丰富多彩。

第二节 高校英语教师的跨文化意识培养和跨文化能力提升

一、英语教师跨文化意识的培养

第一，自我认知是向每个打算融入多元文化课堂的教师提出的一条建议。简单来说，教师应认识到，他们的文化背景在走进课堂时便伴随着他们。教师公开自我反思有助于学生理解其特质，教师可以向自己提问：我有哪些长处？有哪些短处？我如何利用自己的长处补偿短处？我有没有种族或性别偏见？这些偏见在教室里会体现在哪些地方？我的种族和性别身份会对我的教学产生影响吗？我是否准备好应对对我个人或我的学生的种族攻击？我应该获取什么新知识和新经验来解决这个问题？

第二，对学生的文化适应度进行评估可以帮助教师理解学生在多大程度上融入自己的文化和异国文化。教师可以使用一系列的测量工具，如墨西哥裔美国人的适应性量表、亚裔美国人的文化适应性自我认同量表。教师还可以通过日常的观察来判断学生的文化适应程度，如他们的社交圈子、首选语言、自我认同感、衣着风格，以及他们对民族节日的反应等。通过与学生的交谈、与了解学生背景的同事的交流，教师也可以评估学生的文化适应水平。

第三，教师可以与学生保持开放式的对话。教师和学生可以就学习方式、沟通模式和期望进行讨论和协商，以在学科内容和学生偏好的学习方法之间建立联系。通过师生之间的对话，学生的声音应该始终被尊重，从而达成共识并形成共同的交流规则。

第四，具有跨文化能力的教师的一个重要特质是拥有移情能力。具有移情能力的教师应该能够理解学生的感受和需求，他必须能够设身处地地想象学生在努力适应不同的、陌生的环境、语言和行为规范的课堂中是何种感受。教师还需要依据他对学生文化的理解程度，并基于对学生文化适应程度的评估，以文化敏感的方式回应学生的需求。如果教师能对来自不同文化的学生表现出同理心，并在行动上做出积极的回应，这将为学生树立良好的榜样，使他们学会宽容和跨文化移情。

二、英语教师跨文化移情能力的培养

关于英语教师跨文化移情能力的培养，可以从以下五个方面入手，如图 5-1 所示。

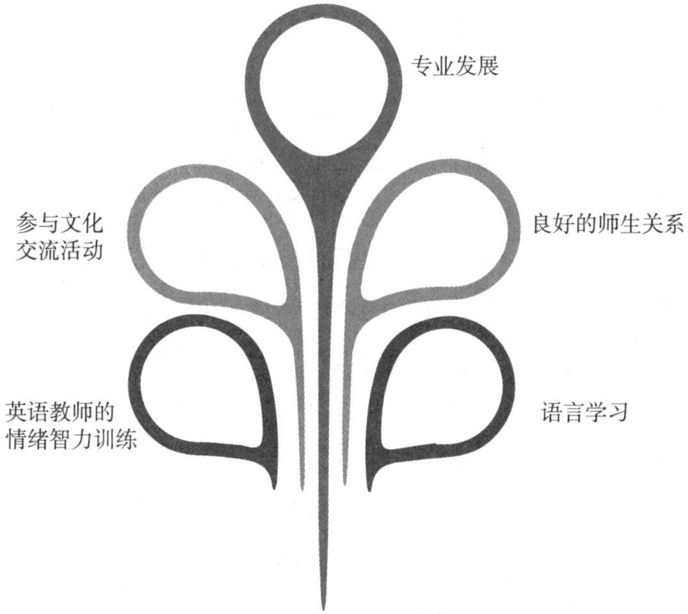

图 5-1　英语教师跨文化移情能力的培养

（一）英语教师的情绪智力训练

情绪智力训练有助于英语教师捕捉并解读学生在学习过程中的细微情绪变化，对学生的学习状态和需求有更深入的了解，还使英语教师能够更加灵活地调整自己的教学策略和方法。当面对教学中的各种不确定性，如学生的学习困惑、教材的适应性问题或课程时间的限制时，情绪智力训练也为英语教师提供了一个有效的工具，帮助他们保持情绪的稳定，避免因个人情绪波动而对教学质量造成不良影响。情绪智力训练对于培养英语教师的同理心同样至关重要，同理心使英语教师能够更为深入地感知学生的需求和情感，更有效地为他们提供所需的支持，这要求英语教师理解学生的学习困境，要站在学生的角度，为他们提供更为合适的教育资源和方法。当英语教师能够更为深入地理解学生的内心世界和学习需求时，他们就更有可能找到最佳的教育策略，为学生提供更为精确的支持，使他们在学术上取得更好的成就。

（二）参与文化交流活动

参与文化交流活动是提升英语教师跨文化移情能力的重要途径，在这些活动中，英语教师可以亲身感受不同文化之间的差异和共通之处。通过与他人交流、合作和互动，英语教师能够更深入地了解其他文化的思维方式、价值观和生活习惯，从而打破对陌生文化的刻板印象，拓宽自己的视野，增强对文化多样性的认识和理解。在不同文化的交流中，可能会出现误解、冲突或不适应的情况，英语教师需要具备处理这些问题的能力，学会妥善解决文化差异带来的挑战，避免因为文化冲突而影响教学效果。除了参与实地文化交流活动，英语教师还可以通过阅读与跨文化交际相关的书籍、文章和研究资料，了解不同文化之间的历史和背景，掌握跨文化交际的理论知识和方法。这样的学习和了解也是提高英语教师跨文化移情能力的重要手段。

（三）专业发展

专业发展项目为英语教师在跨文化教育领域中构建了坚实的基石，通过这些系统的项目，英语教师有机会深入探索跨文化教育的多个维度，包括其背后的理论、实践方法和跨文化交流中可能遇到的挑战，英语教师能够更深入地认识文化差异和联系，还能够提供更具有针对性的教学。在这些专业发展项目中，英语教师学习如何为学生营造一个鼓舞人心的跨文化学习环境，他们被引导去发现如何点燃学生的学习热情，更有效地激发其内在的学习动力。这些项目还使英语教师能够探索多种教学方法和资源的应用，提高教学活动的适应性和多样性，促使教学方法能够适应不同学生的学习风格和需求，使教学更具有个性化。

专业发展项目也是英语教师交流和分享的宝贵平台，在这里，英语教师可以与不同文化和地理背景的同行相遇，分享各自的见解和经验，有利于激发创新思维。通过与其他从业者的交流，英语教师可以得到新的启示和灵感，找到新的方法来解决在跨文化教学中可能遇到的问题，为跨文化教育带来更多的创新元素。

（四）良好的师生关系

建立良好的师生关系是提升英语教师跨文化移情能力的关键。英语教师应以开放的心态对待学生，尊重他们的文化背景和个人差异，应认识到每个学生都是独一无二的个体，有着不同的价值观、习惯和学习方式。通过认真倾听学生的意见和反馈，英语教师可以更好地理解学生的需要和期望，更有针对性地进行教学设计。

英语教师除了要关心学生的学业成绩，还要关注他们的心理状态和情感体验，在跨文化教学中，学生可能会面临适应困难、文化冲突等问题，英语教师应提供必要的情感支持和引导，帮助学生逐渐适应新的学习环境和文化背景。通过关心学生的情感需求，英语教师可以更加深入地了解学生，从而提高跨文化移情能力，更好地满足学生的学习需求。

（五）语言学习

掌握其他语言为英语教师提供了深入探索其他文化的途径，每一种语言都以其特有的表达形式和词汇来呈现特定文化的细节和价值。当英语教师投入学习新的语言时，他们实际上是在接触另一种文化的思维模式和价值观，这使得他们在跨文化交际中更为敏捷和应变自如。探索不同的语言使英语教师的视野得到拓宽，使他们能更深入地感知多元文化的丰富性。每一个词语、语法结构和表达都是文化背景的缩影。对英语教师来说，了解这些语言背后的文化差异和联系，可以加深他们对世界各地文化的认识，更能让他们在跨文化的教学和交流中得心应手。

三、英语教师文化领导力的培养

（一）英语“三维一体”混合式学习模式

在英语的初始教学阶段，混合式学习模式正在展现其独特的魅力，这种模式融合了传统课堂、基于计算机和网络的虚拟课堂，以及充满体验的隐形课堂。这样的设计鼓励英语教师深入探索如何将计算机网络教学与传统课堂教学完美结合，使之成为一个有机整体。信息技术与课堂的这种结合，利用丰富的在线资源，可以为学生构建一个真实、生动的语言学习环境。网络通信媒介，如微信、QQ 等，为师生之间提供了一个不受时间和空间限制的沟通平台。在这样的环境下，英语教师的角色转变为引导者和观察者，他们更能关注学生的自主学习，帮助学生培养反思和创新能力。但英语教师的自身素质，包括教学观念、对新理论新模式的接受度、知识结构的深度，以及信息技术的运用能力，都将直接决定这种教学模式的成功与否。

（二）以教学团队建设促进文化领导力发展

“三维一体”的混合式学习模式要求英语教师不断地提高自己，包括更新教育教学理论知识、扩展知识结构，以及增强信息技术应用能力。为了实现这些目标，强化英语教学团队建设成为一个有效策略。通过鼓励团队合作，每个成员都可以从团队的共同发展中获益，从而进一步提升个人的文化领导力。

（1）按学科类别整合师资，重点建设精品课程。教学团队的专长应细化，以适应各学科特点和课程的需求，还要重视建设具有代表性的精品课程，从一个突出点引领整体的进步。英语教师可以根据自己的专业背景和兴趣来形成课程教学小组，这种自发性组建方式更易于形成默契和合作。选择经验丰富、具有创新精神、教学成果显著的英语教师作为课程的领导者，与年轻有潜力的英语教师及辅助教育人员一同组成精品课程团队，可以更有效地推进教学方法和策略的创新。这种团队模式充分利用了资深英语教师的经验和年轻英语教师的活力，实现了团队成员间的互补，在促进英语教师个人的文化领导力提升的同时，也提高了整体教学的质量。

（2）组建科研兴趣小组，以团队合作促进个人发展。面对日益增加的教学任务，英语教师经常发现自己沉浸在日常教学活动中，而忽视了科研活动，但科研不仅是英语教师职业发展的重要组成部分，也是他们继续教育和培养自己的关键途径。在这种背景下，组建科研兴趣小组成为一个逐渐受到重视的策略。通过按照自己的专业领域、特长和兴趣建立这些小组，英语教师有机会重新点燃他们对科研的热情。兴趣小组的形成有利于鼓励英语教师参与科研活动，促使他们在团队中寻找合作伙伴，一起解决问题和探索新的研究领域。

科研兴趣小组提供了一个平台，使英语教师能够在一个相对轻松、无压力的环境中分享学习体验和交流教学经验,包括学术研究、教学方法、学生反馈以及其他与教学和科研相关的实践经验。这种共享的环境有助于产生积极的学术文化，其中成员可以鼓励彼此进行创新并提出具有建设性的意见。当教师在一个支持性的团队中工作时，他们更有可能探索新的研究方法和策略。总起来说，科研兴趣小组不仅有助于提高英语教师的科研能力，也增强了他们的团队合作精神和对教学的热情。

（3）实施多元培训，提升英语教师综合竞争力。尽管校内培训为英语教师提供了关键的基础技能和教学方法，但要真正实现英语教师的全面发展，仅依赖这些是不够的，多元化的培训机制为英语教师提供了更多的学习和成长机会，帮助他们从多个维度提高自己的综合能力。学校可与其他教育机构、专家和行业领导者合作，举办各种形式的讲座和培训活动，为英语教师提供前沿的教育观点、方法和技巧。参与国内外的进修或访学项目，可以让英语教师亲身体验不同的教育文化和方法，从而为本地教育实践带来新的启示。

对于中青年英语教师来说，参加专业的英语教学进修和培训，可以为他们提供深入的理论知识和实践技巧，使他们在教学过程中更有信心和能力。随着科技的迅速发展，英语教师的信息应用能力变得尤为关键，培训应包括最新的教育技术和工具，使英语教师能够在日常教学中有效地利用这些技术，为学生创造更丰富、更有趣的学习体验。交叉学科的学习为英语教师提供了一个独特的机会，让他们从不同的学科领域获得新的知识和观点，促使他们重新思考自己的教学方法，这样的培训策略有助于拓宽英语教师的知识视野，鼓励他们进行创新，提高业务水平，更好地适应日益变化的教育环境。

（4）明确政策指引，完善英语教师发展竞争机制。在教育领域中，清晰而明确的政策指引起到了方向指明灯的作用。对于英语教师，尤其是那些致力教学和科研的教师而言，一个合理而明确的政策框架为他们提供了发展的舞台。科研型骨干教师培养计划是这种指导思想的生动体现，它体现了对科研优秀表现者的重视，并通过减轻其教学负担，为他们提供更多的空间和时间进行科学研究。这种做法在很大程度上也是对他们在科研领域付出的努力的认可和鼓励。

平衡科研和教学的激励机制既反映了对两者重要性的认识，也鼓励教师在日常教学中进行探索和创新，发掘新的教学方法和策略。这样的机制有助于培育一个充满活力和创新的教育环境，让教师意识到不只是科研，教学实践中的每一个创新和尝试都是受到鼓励和支持的。而为了使这一目标更为明确和具体，合理的政策设计和规划至关重要。只有当每一位教师都清楚地知道自己的目标、职责和机会时，他们才能更好地发挥自己的专长，在文化领导力上获得更大的发展空间。

英语教师文化领导力的发展与当代英语专业教育及更大的社会环境紧密相关。在经济全球化、劳动力多样性、灵活的工作模式、人际关系的和谐以及对社会的责任感等多重影响下，英语专业教育也得到了进一步的发展。

第一，经济全球化的趋势已使英语逐渐成为国际交流的桥梁，因为它所承载的信息已经深入人类日常生活的每一个角落。面对信息化、多元化和全球化这三大时代特征，英语教师不仅需要拥有扎实的专业知识和技能，还需具备国际视野的教育观念和跨文化的综合知识。

第二，随着劳动力的日益多样化，文化的多样性也日益显现。随着女性劳动力在各领域中的逐渐增多，她们获得了更多的认可，加上经济独立性的增强，她们在工作场所中的地位也日益上升。在长时间的和平与经济繁荣下，新的家庭结构和更多的新生代加入了劳动力大军中。劳动力的多样化促使文化的多样性日益显现。

第三，灵活性在现代工作中越来越被重视。无论是工作时间的自主选择，还是任务分配的适应性，都成为现代职场文化的标志，这种灵活性为工作带来了更多的可能性和创新。

第四，在道德层面，英语教师的文化领导力也需跟随时代步伐，适应社会变革中不断调整的道德标准。道德观念并非一成不变的，而是会随着时代的进步和社会的发展而发生演变的，教师需要持续地进行自我反思，确保自己的教育行为和理念与社会的进步步调保持一致。

第五，和谐的人际关系则是决定个体职业成功的关键。人际关系不仅关乎与他人的相处，更涉及如何调整自己，以适应不同的环境和人群。对于英语教师来说，他们需要不断地调整自己，以满足学校、学生甚至社会更广泛的需求。

四、教师跨越不同社会体制与规范能力的培养

（一）跨越不同社会体制能力的培养

社会体制决定了一个社会的组织形式和结构，涵盖了经济、政治、文化等各个方面，可视为文化体系的一个显著标志。由于不同的背景文化具有独特的政治、经济、文化制度，这些体制之间存在的联系和相互

作用影响了整体文化的展现，这种交互作用进一步塑造了人们的交往方式。例如，一个社会的经济制度可能决定了财富分配的方式，影响了人们的价值观和交往模式；而政治制度可能决定了权力的分配和使用方式，进一步影响了人们的社会行为。

因此，英语教师在教学和跨文化交往中需要对这些社会体制有深入的了解，这不仅因为体制差异可能导致文化冲突或误解，还因为这些体制对人们的思维方式、交往方式乃至日常生活都产生了深远的影响。教师对这些体制的深入了解可以帮助他们更准确地解释文化现象，更有效地进行英语教学，也能更有针对性地引导学生理解跨文化交往中的复杂性和差异性。

（二）跨越不同社会规范能力的培养

面对全球化日益增强的现代世界，教师还必须熟悉各种社会规范，包括社会习俗、道德规范、宗教规范、历史传统和社会契约等。这些规范往往是文化背景中不可分割的一部分，而文化差异是影响跨文化交际成功与否的重要因素。

不同文化背景下的社会规范常常成为交往中的“暗礁”，东西方社会规范的差异尤为鲜明，这些差异很大程度上源于各自深厚的文化传统，并广泛地体现在日常生活的细节中。例如，中国文化中的礼仪禁忌具有丰富的历史和文化内涵，“送钟”在汉语中与“送终”谐音，因此被认为是不吉利的，这种基于语言和文化的关联在西方文化中是难以理解的。颜色的象征意义也因文化而异。红色在中国被普遍视为幸运、繁荣和吉祥的象征；而在西方，它可能更多地与活力、情感，甚至暴力和血腥关联。这样的解读差异源于各自文化的历史、文学、艺术和社会背景。

社会的道德观念也是文化差异的重要体现，它塑造了一个社会中人们的行为准则和价值取向。在中国，家族和亲情被高度重视，赡养老人不仅是法律的要求，更是道德的使命，孝道被视为中华文化的核心价值之一。相比之下，美国和许多西方国家强调的是个人主义和独立性，虽然尊重和关心长辈仍然是很重要的，但它可能不如中华文化中那样深入人心。在美国，核心家庭的概念占据主导地位，孩子们成年后通常追求独立的生活。这种差异反映了两种文化对于责任、自由和独立的不同解读，以及对于家庭、社区和社会的不同期望。

第三节　跨文化能力培养目标下高校英语教材的选用和开发

一、评估教材的文化内容

评估教材的文化代表性，应当注意以下几点，如图 5-2 所示。

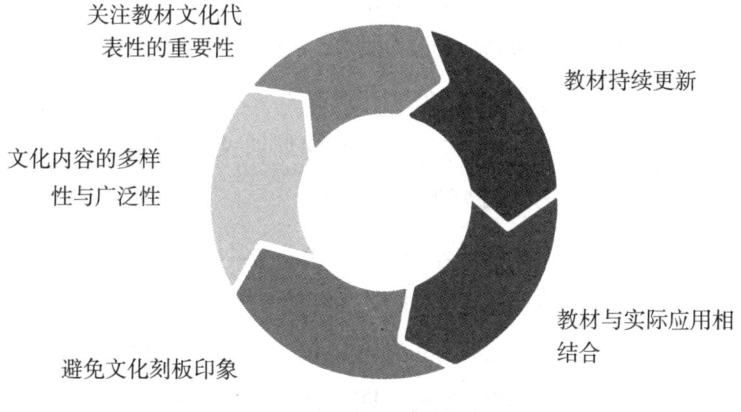

图 5-2　评估教材的文化内容

（一）关注教材文化代表性的重要性

在高等教育阶段，英语教材不仅传授语言知识，更在潜移默化中为学生展示了一幅丰富多彩的世界文化图景，其中，每一个故事、对话、图片或是实例，都为学生呈现了具体的文化背景和语境。而在这学生与英语互动的背后，其实是学生与真实的、多元的世界进行了一次次有深度的对话。考虑到学生的多元文化背景和未来可能面临的跨文化交际场景，教材中所展现的文化元素不仅要真实、全面，还要具有一定的深度和广度。真实性保证了学生在学习过程中能够接触到与真实生活相符的文化现象，从而培养他们的跨文化能力；全面性则保证了学生在接触文化时，能够得到多角度的文化视野，避免形成刻板印象或偏见。

（二）文化内容的多样性与广泛性

多样性涉及文化的各个维度，如历史、艺术、宗教、哲学和社会习俗等，多样性强调每个文化元素都具有独特性，每一个细节都值得被关注和探索。在英语教材中，多样性意味着不只是简单地涉及西方或英语国家的文化，而是要尽可能地涉及那些非主流或少数文化。这样的多样性能够使学生接触到更为广泛的文化知识，更能够帮助他们深入理解不同文化背景下人们的思维方式、生活哲学和价值取向。在当今全球化的大背景下，文化多样性更显得至关重要，它可以帮助学生摒弃刻板印象和偏见，学会欣赏和尊重每一个文化的独特之处。面对日益频繁的跨文化交际场景，一个有着广泛文化知识和深厚跨文化意识的学生，将更容易与人建立有效的沟通和良好的人际关系。

广泛性则关注文化内容的广度，它要求教材在呈现文化时，不应仅限于某一特定区域或某一特定时期，而应尽可能地涵盖各个时代、各个地域的文化元素。例如，当谈及英国文化时，除了现代的伦敦和其现代文化，教材还应该介绍文艺复兴时期，甚至是中古时代的英国文化。广泛性确保了学生在接触文化时不会受到局限，能够在更大的时间和空间尺度上理解和欣赏文化。更重要的是，它可以帮助学生看到文化的演变和发展，理解不同文化背景下人们的历史情境和生活经验。这种宏观的视角将使学生更为全面地理解世界，更为深入地感受到文化的魅力和价值。

（三）避免文化刻板印象

文化刻板印象是长时间以来通过各种途径，如媒体、文学、历史教育等传递下来的，对某一特定文化群体的固定、简化和往往带有偏见的观念或看法。这样的观念很多时候是基于片面的信息或误解而形成的，且经常与实际情况相去甚远。例如，过去有些人可能会错误地认为非洲是一个落后、贫穷的大陆，不了解其文化的丰富性和多样性。这些刻板印象不仅限制了人们对其他文化的真正理解，还可能导致误导、误读和跨文化交际的失败。例如，当一名学生抱有对某一文化的偏见时，他可能会在与该文化背景的人交往时产生误解或冲突。由于刻板印象往往伴随着情感色彩，如恐惧、轻视或敌意，它们可能进一步加深文化间的隔阂和矛盾。

高校英语教材作为学生接触和了解外部世界的重要途径，有责任为学生提供真实、全面和公正的文化知识。在选材过程中，教材开发者应该努力避免选择那些可能导致或加深刻板印象的内容，而更应该注重展示各种文化的真实性、多样性和复杂性。为此，教材应当涵盖多种文化、多种社会和多种生活背景，确保学生能从多个角度、多个层面了解和感受文化。教材还可以通过真实的案例、生活故事或人物采访等形式，使学生能够更深入地理解和体验文化的真实面貌，有效地打破文化刻板印象，培养出真正具有跨文化能力的全球公民。

（四）教材与实际应用相结合

跨国公司、国际项目、学术研究、旅游以及各种文化交流活动，都要求现代人能够有效地与来自不同文化背景的人进行沟通和合作，这种沟通要求能够理解和尊重对方的文化价值观、习俗和习惯，避免文化冲突和误解。这样的需求对英语教育提出了新的挑战：如何使学生不仅能学会语言，还能掌握有效的跨文化交际技巧。为了满足这种需求，高校英语教材应当做到与实际应用相结合，这意味着，教材中的文化内容既要反映真实的文化背景，又要考虑到学生在未来可能遇到的实际交际场景。例如，教材可以引入真实的商务谈判、国际会议、旅游咨询等场景，为学生提供模拟实践的机会。在这些场景中，学生要学会如何使用恰当的语言，了解各种文化习俗、礼仪和沟通策略。教材还可以通过各种实例和练习，使学生能够在真实语境中练习和应用所学的跨文化交际技巧。这种以实际应用为导向的教材开发，能够更好地满足学生的学习需求，为他们的未来职业生涯和生活提供宝贵的经验。

（五）教材持续更新

在历史的长河中，文化从未停止过它的脚步，它如同活的生命体，不断地演变、吸收与更新。从传统的礼仪到现代的流行文化，从古老的传说到现代都市的故事，文化中的每一个元素都在与时代对话，展现其新的面貌，这种动态的变化给英语教材的编写带来了巨大的挑战。过去，教材可能每隔数年才更新一次，但在今天的快速发展的世界里，这样的间隔已经不能满足需求，学生渴望了解的不仅仅是历史上的文化，更多的是当前的文化现象和趋势，他们希望通过学习更好地理解和融入这个世界。

针对这种需求，英语教材的更新应该变得更加频繁和系统，但这种更新应该是建立一种持续的反思和评估机制，包括教师、学生、学者和其他相关方的参与。他们可以提供对于教材内容的反馈，帮助教材编写者了解教材的优点和不足，从而进行调整。教材的评估还要考虑对学生跨文化能力的培养效果。只有这样，教材才能真正地与时俱进，满足学生和社会的不断变化的需求，为学生提供一个真实、丰富和有深度的文化学习环境。

二、跨文化教育的核心理念与教材结构的重要性

（一）跨文化教育的核心理念

跨文化教育旨在培养学生对于多种文化的认知、尊重和理解，从而培养他们在多元文化环境中有效沟通的能力。核心理念包括文化意识的培养、文化差异的接受，以及跨文化交往的策略和技能的掌握。这些理

念是理论上的，更需要在教材的内容和结构中得到体现。

（二）教材结构的重要性

教材结构像一张精心绘制的地图，指导着学生穿越学术的海洋。每一章、每一单元乃至每一节，都像地图上的关键标记，揭示着学习的进程和方向。有了清晰的结构，学生可以有效地整合前后知识，构建自己的知识体系。例如，某一章可能首先介绍英美的节日传统，接着展示非洲和亚洲的相应习俗，从而让学生明白，尽管各地的庆祝方式各异，但人类对于庆祝的需求是普遍的。一个合理的教材结构还可以帮助学生在学习过程中建立信心，当学生能够预测和理解接下来的学习内容时，他们会感到更加自信和有目的性；反之，一本杂乱无章的教材可能会使学生感到迷茫和沮丧，从而影响他们的学习效果。

综上所述，在跨文化的背景下，教材结构的平衡显得尤为重要，每一个文化元素都应该被赋予足够的空间和重视，无论它来自主流文化还是边缘文化，以便培养学生对于所有文化的尊重和理解。如果教材过于偏重某些文化，学生可能会形成这样的认知：这些文化比其他文化更为重要或优越。这种认知与跨文化教育的目标相悖。为了避免这种情况，教材编写者需要深入研究、反思和权衡，确保每种文化都能在教材中得到呈现。这可能需要他们超越自己的文化背景和先入之见，真正地投入多元文化的探索中。

三、教材中的文化实践与互动活动

（一）文化实践的意义

文化，远远超过单纯的历史事实、传统和价值观的累积，它是生活的真实呈现，是人们在特定环境中日常互动的结果。对于学生来说，真正的理解和领悟来自与文化的直接互动和身临其境的体验，这种体验使得文化从抽象的概念转变为真实的、可以触摸的现实。通过与来自不同文化背景的人互动，学生能够检验自己对文化知识的理解，锻炼自己的交际技能。更重要的是，如前文所提到的，这种实际的互动帮助学生克服跨文化交际中可能遇到的困难，如误解、偏见和刻板印象。随着时间的推移，学生会逐渐形成一个全球视角，能够更加自信和有效地与来自不同文化背景的人交往。跨文化能力对于21世纪的全球化世界来说是至关重要的。

（二）互动活动的角色

与传统的课堂学习不同，互动活动允许学生在相对真实的语境中使用英语，这种使用远超过简单的语法和词汇的应用。例如，通过角色扮演，学生可能会模拟在外国餐馆订餐，或者在机场办理登机手续。这需要他们正确使用语言，理解并遵循与特定文化相关的行为和礼仪，这种沉浸式体验使学生能够从实际操作中更深入地理解文化差异。除文化实践之外，互动活动还为学生提供了一个珍贵的机会来锻炼和提高他们的语言技能。在小组讨论或模拟对话中，学生需要听、说、读、写，这些都是语言学习的基本技能。更进一步地说，他们需要学会如何在特定的文化背景下，使用适当的言辞和语气来表达自己的观点，以及如何理解和回应他人。这种交互式学习提高了他们的语言能力，培养了他们的文化敏感性和交际策略。

在教学过程中，鼓励学生探索和体验多元文化的融合，可以帮助他们建立一个更为开放和包容的世界观，理解并欣赏不同文化背景下的思想和价值观，为他们在未来的生活和工作中与来自不同文化背景的人建立良好的关系打下坚实的基础。

教材中的文化实践与互动活动为学生提供了一个理解和体验文化差异的平台。例如，当学生在多元文化背景下策划一个节日庆典时，他们需要了解每一种文化的习俗和传统，考虑如何将这些元素融合在一起，确保每一种文化都得到尊重和体现。活动鼓励学生深入思考如何在保持每一种文化的独特性的同时，实现文化之间的和谐共存。通过这样的实践，学生可以更加深入地理解文化差异，并学会在真实的跨文化交往中实现有效的沟通和合作。

四、教材的本土化与国际化平衡

（一）教材本土化的价值

教材的本土化涉及将学习材料与学生的日常生活、文化和经验紧密结合，因为学生在一个熟悉的背景下学习时，他们更容易将新的知识与已有的知识框架联系起来。例如，当地的历史故事或俗语可以作为教学内容的载体，使抽象概念变得更加具体、生动。熟悉的载体促进了学生对新信息的认知吸收，使学习过程变得更为流畅和有意义。

本土化教材还能够有效激发学生对学习的热情，当学生在教材中看到与他们的文化、历史和日常生活相关的内容时，他们往往会对学习产生更大的兴趣。此外，这也有助于学生建立对自己文化的自信，他们会意识到自己文化的价值和独特性，并学会尊重和珍惜它。例如，通过学习本土作家的文学作品或本土艺术家的艺术创作，学生可以更深入地了解自己的文化传统，培养文化自豪感，并找到与之相关的个人身份。

教材的本土化不仅为学生的个人发展提供了支持，还为整个社会的未来做出了贡献。当学生更好地理解和评价自己的文化时，他们更有可能为保护和传承这些文化价值而努力，他们也将更加了解自己文化中的优点和不足，从而有可能在未来推动文化和社会的改进。例如，当学生了解到自己文化中的某些不公正现象或偏见时，他们可能会更有动力去改变这些状况，为创造一个更加公正和包容的社会环境做出贡献。

（二）教材国际化的意义

教材的国际化确保了学生能够准备好在多元文化的环境中工作和生活，使他们不只局限于本土的思维和视角。例如，当学生学习其他国家的历史、地理或社会习俗时，他们能够更好地理解这些国家的决策过程和国际事件的背后原因，更加明智地看待世界。教材国际化还鼓励学生尊重和欣赏与他们截然不同的文化观点和价值观，这是建立在对差异的认识和理解上的，而不是基于刻板印象或偏见的。例如，通过学习其他国家的文化节日或传统习俗，学生可以更深入地了解这些文化的核心价值观和信仰，从而避免因缺乏了解而产生的误解或冲突。当学生认识到每一种文化都有其独特之处，并对其产生真正的兴趣和尊重时，他们更有可能在日后的生活中展现出真正的文化敏感性和包容性。

国际化的教材还为学生提供了宝贵的机会，让他们在真实或模拟的环境中实践这些技能。例如，教材可以包含一个让学生与来自其他国家的同龄人进行在线交流的项目，或者设计一个模拟的国际会议场景，让学生练习如何与来自不同文化背景的人沟通和合作。参加实践活动，学生可以直接应用他们所学的跨文化交际知识和技能，为他们未来在多元文化环境中工作和生活提供有力的支持。

（三）教材本土化与国际化平衡策略

1. 深化本土内容，为国际视角铺路

教育不仅是传递知识的过程，还是塑造认知、情感和行为的过程，当教材的内容与学生的现实生活经验密切相关时，学生更容易产生共鸣和兴趣。以本土化的内容为基础，如描述当地的文化、历史和社会现象，为学生提供一个熟悉的起点，从这个起点出发，学生可以更轻松地吸收新的知识，为进一步的国际化学习奠定基础。例如，在学习关于节日的单元时，教材可以首先描述本国的主要节日及其传统，然后再介绍其他国家类似的或与之对应的节日。

2. 结合本土视角，展现多元看法

在全球化的背景下，国际事件常常影响到各国，各国的反应和观点可能各不相同。为学生提供多元的视角是至关重要的，教材可以采用案例研究的方法，首先从本国的视角描述一个国际事件，分析其对本国的影响和本国的反应，然后再引入其他国家的观点和策略。由此一来，学生可以明白每一个决策都是在复杂的背景和利益权衡中做出的，从而培养批判性思维能力。例如，在学习关于国际贸易的单元时，教材可以首先分析本国的贸易政策和实践，然后再对比其他主要贸易伙伴的策略和立场。

3. 融合策略，促进跨文化理解

一个成功的教材应当融合本土化和国际化的策略，鼓励学生在本土文化的基础上探索和欣赏其他文化。教材可以设计一系列的跨文化交流活动，如模拟联合国会议、国际学术研讨会或文化交流项目，让学生有机会在真实或模拟的环境中实践他们的跨文化能力。

五、评价与反馈：持续优化教材内容

（一）评价教材的必要性

在一个动态的世界中，教育是为了培养适应社会、文化和科技发展的学生，为此，教育资源，尤其是教材，需要与时俱进。随着全球交流的加强、科技的迅速进步和社会需求的不断变化，过去的教材可能无法满足当前学生的需求。例如，十年前的教材可能没有涉及数字化、人工智能或可持续性这些现代议题，而现在这些都成为学生必须掌握的知识。因此，固守过去的教材不仅会导致学生与现代社会脱节，还可能妨碍他们未来的职业生涯。文化的流动和互动也为教材内容的更新带来了压力，在全球化背景下，单一文化的视角已经不能满足学生的需求，他们需要从多元文化的角度看待问题，理解不同文化背景下的人们如何看待和解决问题。如果教材仍然停留在传统的、单一文化的框架内，学生可能会缺乏跨文化交际的能力，这对于他们在国际舞台上的表现是不利的。

在这种背景下，评价成了一个至关重要的环节，通过评价，教育者和教材制定者可以了解哪些内容已经过时，哪些内容仍然具有价值，以及哪些新的主题需要被纳入教材。评价既是对教材内容的检查，更是对教材教学效果的检验，如果大部分学生在使用某个教材后表现出困惑或不满，那么这个教材显然存在问题。但评价并不全是负面的或批判性的，它应该是一个寻找教材亮点和潜力的过程，目的是更好地服务学生。好的评价应该是建设性的，它应该提供具体的建议和方案，指导教材的进一步改进。例如，评价可以揭示某个章节的内容过于复杂，学生难以理解，但也可以建议如何简化和改进这一章节，使其更加易于学生理解。

（二）多维度评价

1. 学生与教师——实践者的视角

学生作为教材的主要使用者，直接体验了教材的优缺点。他们的直接反馈是评价的关键部分，因为这可以准确地了解到哪些内容对他们来说是有吸引力的，哪些内容造成了困惑，以及哪些内容他们认为是最有价值的，这种反馈可以通过课堂讨论、问卷调查或小组讨论的形式收集。学生的学习成果，如测试成绩和项目，也是评价教材效果的直观依据。

教师作为教学过程中的指导者，拥有从实践角度评价教材的独特能力。他们在使用教材时，会直观地感受到哪些内容容易传授，哪些内容需要额外的材料或方法来辅助教学。并且，教师经常会与其他教育工作者交流，这些交流经常带来新的教学方法或对现有教材的建设性建议。

2. 专家与国际反馈——深度与广度的视角

专家的评价为教材提供了深度的视角，他们对学科知识理解深入，能够判断教材内容是否准确、是否与最新的研究成果相符，以及是否涵盖了该领域的核心内容。他们还可以从教育方法论的角度，对教材的结构和设计提出宝贵的意见，这能够有效确保教材的学术质量和教育效果。

考虑其他国家或地区使用教材的经验也是非常有价值的，它们提供了一个更广阔的视角，使得教材制定者可以了解教材在不同文化和教育背景下的表现。例如，一个在国内非常受欢迎的教材可能在国外遇到了困难，这种反馈可以揭示其在跨文化适应性方面的不足，从而促使教材制定者进行改进。其他国家的成功经验也可以为本国的教材改革提供启示。

（三）利用技术手段

随着数字技术的日益普及和成熟，教育界正在经历一场前所未有的革命。在线调查，如 Google 表格或 SurveyMonkey 为教育者提供了一种简单而有效的方式，可用来收集学生对于教材的意见和建议。学生可以在任何时间、任何地点填写这些调查，这提高了反馈的即时性和参与度。学生和教师论坛或社区为教材使用者提供了一个平台，他们可以在这里分享自己的经验、讨论疑难问题并互相提供支持，论坛的内容可以为教材制作者提供宝贵的实践见解。

通过教学平台的数据分析，教育者可以更加精确地了解学生的学习路径、哪些内容受到欢迎、哪些内容可能存在难度或引起困惑。例如，如果一个章节的测验平均分数低于其他章节，这可能意味着该章节的内容需要被重新考虑或加强学习。同样，如果学生在论坛上频繁讨论某个话题，这也可能提示该话题的重要性或其在教材中的呈现方式需要调整。这种方法具有很强的实证性，确保了教材的更新与学生的实际需求紧密相关。

（四）持续优化教材

持续优化的首要任务是确保教材内容的深度和广度与时俱进。随着学术界的研究发展和社会变化，某些知识点可能已经过时或被新的理论取代，对教材内容进行定期审查和更新至关重要，以确保学生接触到的是最新、最相关的信息。随着文化和社会的变迁，历史事件和文化现象的解读可能会发生变化，这也需要在教材中得到体现。这种深入的内容更新有利于学生获得坚实的知识基础，为他们未来的学术和职业生涯奠定坚实的基础。

除了内容本身，教学方法和活动设计也是持续优化的关键领域，随着教育心理学和教育技术的发展，新的教学策略和工具不断出现。例如，项目制学习、翻转课堂和协同学习等教学方法被证明可以提高学生的参与度和学习效果。教材可以融入更多互动和多媒体元素，如视频、动画和模拟程序，以增强学生的学习体验效果。教学创新增加了教材的吸引力，也能鼓励学生采用更高阶的思维技巧，如批判性思考和创造性解决问题。

在一个日益全球化和多元化的世界中，学生群体变得越来越多样，他们来自不同的文化、背景和经验，拥有不同的学习风格和需求，持续优化教材的另一个目标是确保教材能够满足这些不同的需求。这意味着，教材应该提供多种学习路径、资源和支持，以适应不同的学习者。例如，对于那些需要额外支持的学生，教材可以提供补充材料和练习；而对于那些寻求挑战的学生，教材可以提供深入探索的项目和任务。个性化的方法确保每个学生都能在其最佳水平上学习，挖掘最大潜能。

第六章　网络技术在跨文化能力培养中的应用

第一节　网络技术与高校英语教学的结合

一、高校英语教学的信息化诉求

在当前的全球化环境中，社会结构的演变和信息资本决定个人地位的作用增强，使得获取相关的信息资本成为生存的关键。英语作为全球通用的语言，不但是获得这种信息资本的关键工具，而且已成为现代社会中的基本技能。随着人们对英语的需求增长，他们开始寻找各种学习英语的方法。为满足这一需求，多种共享和开放的网络资源平台相继涌现，如慕课、微课，这意味着学习英语不再仅限于传统的课堂和教材，现代技术为学生和其他学习者提供了一个机会，使他们可以利用各种资源进行多样化的学习。事实上，随着21世纪英语教育的进步，高质量的教育资源和开放的在线教育模式日渐成为现实。这促成了高校英语教学对信息化的迫切需求，从而引发了传统高校英语教学的逐渐改变。英语教学正处于一个信息化的转折点上。

（一）信息技术

现代社会正迅速地进入一个以信息和知识为核心驱动力的时代，这种转变凸显了信息技术在日常生活中的无所不在。此种技术的涵盖范围和定义因不同的解读角度而异。从宏观的视角来看，信息技术是一种对信息进行处理和管理的技术集合，它包括通信技术、感测技术、控制技术、计算机技术和智能技术等多个维度。而从狭义的角度来看，信息技术则更具有针对性和特定性。具体地，这可以从四个不同的层次来解读。

第一，信息技术被视为信息与通信技术的结合，这主要涉及使用计算机技术来开发和设计信息系统及应用软件，其中还包括了传感技术等。

第二，信息技术有时也被认为是“3C”技术，即计算机技术、控制技术和通信技术的整合，这三种技术在当今社会都占有非常重要的位置，因此它们的结合自然被赋予了很高的重要性。

第三，信息技术有时又被称为“C&C”技术，即计算机技术和通信技术，它指的是使用计算机技术来获取、传输、分发和处理信息的各种技术手段。

第四，将信息技术看作应用管理技术，这种技术在科技领域中主要用于控制和处理信息，从而实现人与机器之间的互动。

深入分析可以明确看出，信息技术的中心是计算机技术。在与其他相关技术的协同效应下，它能够完成信息的获取、传递、转换、交流、检索和存储等关键功能。近年来，伴随着网络技术的快速进步，以计算机为基石的通信技术已广泛应用于社会的多个领域。此技术之所以能持续进步并逐渐完善，是因为信息化社会的深入推进，并且不同行业之间存在协同与融合。具备高容量的现代通信技术已经采纳了数字化模式，并与网络及计算机技术紧密结合。

进入 21 世纪的今天，可以预见通信技术会向更快速、更智能的方向发展。总体上，信息技术的核心特质主要表现为以下几点，如图 6–1 所示。

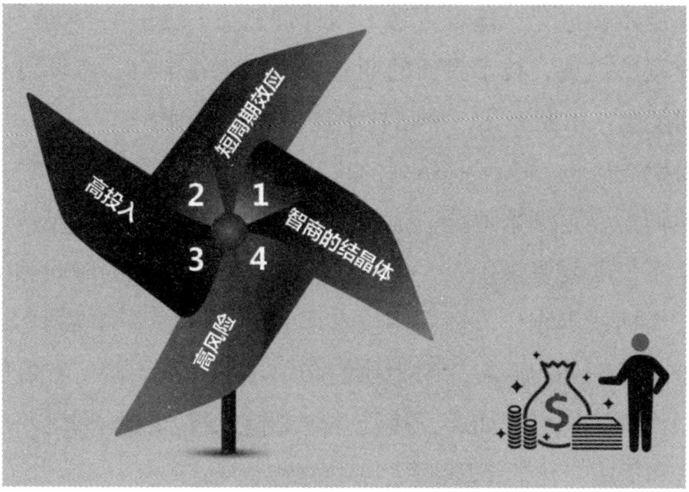

图 6–1　信息技术的特质

1. 智商的结晶体

信息技术是知识与智慧的结合。它基于丰富的背景知识，并通过尖端技术研究将这些知识与智力物化为实际产品，此物化形态为各种信息产品，由众多顶级专家进行研究与开发。在这一过程中，研发人员既需要合作又面临竞争。随着研发工作的进行，技术的深度和广度都在扩展，导致新技术的出现速度加快，研发周期逐渐缩短。

目前，信息技术已经与科技领域的许多部分产生了紧密的连接，如航空、生物科学和自动化技术等。事实上，许多其他科学领域依赖信息技术来实现更快的进展，这意味着信息技术的影响范围在社会各个领域都在持续扩大。可以说信息技术已经嵌入了现代科技的核心，它不只是代表着先进的生产技术，更在某种程度上决定了生产效率。除了专业人员在信息技术上的持续研究，其他领域的进展也为信息技术的持续发展开辟了新的道路。

2. 短周期效应

随着技术的不断进步，新的技术和解决方案在相对较短的时间内替代了旧的技术，这种快速的创新和迭代速度要远远超过许多其他行业。导致这种短周期效应的原因有多种：技术的基础结构，如硬件和软件，都在不断更新和进化；随着更强大的处理能力、更多的存储空间和更快的网络速度的出现，技术界面的期望和标准也在上升；市场对新功能的需求和期望也在不断变化，推动技术提供商不断创新。

短周期效应也带来了一系列的挑战。对于企业和个人用户来说，这意味着他们需要更频繁地更新他们的系统和应用程序，以保持在技术的前沿，这不仅需要资金投入，还可能涉及学习新系统的时间和努力。此外，与长周期技术相比，短周期技术可能更难以预测和规划，这为企业决策者带来了额外的压力，因为他们必须在不完全了解所有可能后果的情况下做出决策。尽管如此，接受并应对信息技术的短周期效应对于保持竞争力和适应变化的市场环境至关重要。

3. 高投入

信息技术正在引领一场社会革命，此技术主要涉及信息的获取、处理、传播、复制及保存，为确保技术的有效性和前瞻性，每一步研发都需细致入微。不仅如此，信息技术作为通信与计算机技术的交会点，要求大量的资金和资源投入，这种高投入反映在金钱上，也反映在时间、研究以及人才的集中上。为了保证技术的持续发展和进步，精确的研究和投资都是不可或缺的部分，以确保其在动态变化的世界中保持领先地位。

4. 高风险

在迅速发展的技术领域，新的技术和应用似乎每日都在涌现，而这意味着今天的先进技术可能很快就会被明天的新技术取代。对于企业和研究者来说，投资在某一项具体的技术或方案上，可能面临巨大的失败风险，因为没有人能够预测未来的技术趋势和市场需求。

信息技术的高风险还体现在安全性上。随着技术的进步，网络安全和数据保护问题也日益严重，黑客攻击、数据泄露和虚假信息的传播都是信息技术领域所面临的风险。对于企业来说，一个小小的安全漏洞可能会导致巨大的经济损失，甚至影响其商誉。而对于个人用户，隐私泄露或身份盗窃也可能造成不可挽回的损害。因此，无论是从技术更新速度的角度还是从安全性的角度来看，信息技术都是一个高风险的领域，需要相关参与者时刻保持警惕，在确保技术进步的同时，也能确保安全性和稳定性。

（二）教育信息化

1. 教育信息化的概念

教育信息化描绘了一种在教育场景中深度利用现代信息技术来推动教育进步与创新的情境，其核心技术特征涵盖数字化、互联网应用、人工智能以及多媒体技术。教育信息化的根本属性在于其开放与共享的理念、互动性以及协同工作的能力，而最终的目标则是以现代信息技术作为媒介，推动教育走向现代化，摒弃过去的教学模式。

教育信息化的进步不只是教育形态和学习策略的转变，它也为教育界带来了前所未有的机遇，激发了对传统教育观点、理念和教学法的重新思考。这种现代化的趋势已经成为国家整体信息化战略的核心部分，其对于重塑教育思维、深化教育革命、提升教学品质与效果以及为社会培育出有创新精神的人才，都具有不可估量的价值。可以说，教育信息化为教育界带来了一个历史性的突破机会。

2. 教育信息化的特征

（1）教材多媒体化。在传统的教育环境中，教材多由单一的文本和图片组成，但在现代信息技术的推动下，教材已经转型为结合声音、动画、视频和互动元素的综合内容。多媒体教材的出现使得学习内容更加形象和直观。例如，历史课本中的一段古代战争可以通过动画和音效展现出战争的真实场景，让学生更为直观地感受到历史的魅力；科学实验或复杂的数学问题可以通过交互式模拟或动画进行解释，帮助学生更好地理解和掌握。

（2）资源全球化。随着网络技术的发展和普及，教育资源不再受到地域或国家的限制，而是跨越国界，为全球的学习者提供了无数的学习机会。资源全球化意味着学生、教育者和研究者可以在世界各地轻松获取并共享各种教育资源，无论是教材、课程、研究资料还是学习工具。全球性的资源获取方式对于学习者而言，打破了传统的学习边界，使他们可以根据自己的需要选择最优质、最适合的学习资料。比如，一名学生可以在家中通过在线平台学习国外大学的课程，或者访问国际知名的数字图书馆，获取珍贵的研究材料。资源全球化还促进了教育的创新和多样性，不同文化和教育背景下的知识和教学方法可以被引入任何地方，为学生提供更广阔的视野和更丰富的学习体验。

（3）教学个性化。教育信息化的迅速发展促进了教学的个性化进程，这一特征突破了传统教育模式中“一刀切”的教学方式，允许每个学生按照自己的学习风格、速度和兴趣来进行学习。通过数据分析、智能推荐系统和个性化学习路径的设计，学生可以得到更加具有针对性的教学内容和策略。随着云计算、大数据和人工智能技术的发展，学习平台和应用程序为学生提供了丰富的学习资源和个性化工具，这些资料和工具能够根据每个学生的学习历史、偏好和目标为其生成独特的学习路径。无论是在线课程、模拟实验还是互动教学应用，都为学生提供了与众不同的学习体验。教学个性化也带动了教育评估的转型，传统的统一考试方式逐渐被持续、形式多样的评估方式取代，这更有助于真实反映学生的学习过程和能力。

（4）学习自主化。在信息化的背景下，学习资源的丰富与多样为学习自主化奠定了坚实的基础，学生可以通过网络访问大量的电子书籍、在线课程、视频教程等资源，并根据自己的实际需求进行选择，这种无处不在的学习机会为学生提供了更加宽广的知识视野，并激发了他们的学习热情。学习自主化也与现代的教育技术紧密相连。例如，智能学习系统可以根据学生的学习习惯、效果和偏好，为他们提供个性化的学习建议和资源推荐，智能学习系统不但可以提高学习效率，而且更加注重学生的个体差异。

（5）管理自动化。管理自动化涉及教育行政管理、教学、研究、招生、评价等多个细分领域。例如，通过引入学生信息管理系统，学校可以快速获取、更新和分析学生的基本信息、学习成绩、出勤率等，为学生提供更加精准和及时的教育服务。教育机构的财务、人事、物资等管理工作也因为信息技术的加入而变得更加轻松和高效，自动化的系统可以减少重复的手工输入，避免人为错误，也提供强大的数据分析能力，帮助管理者做出更加明智的决策。管理自动化还为教育机构带来了更加透明、公正和公开的管理环境。例如，通过在线评价系统，学生和家长可以更加直观地了解教师的教学质量，教育机构也可以根据反馈及时调整工作策略。

但是，管理自动化也带来了一些挑战，如数据安全、隐私保护和系统维护等问题。这需要教育机构在推进信息化的同时，不断加强系统建设和管理，确保数据的真实性、完整性和安全性。

（6）环境虚拟化。通过虚拟化技术，学生可以进入一个模拟现实或完全虚构的学习环境，这可以增强学习的趣味性，提高教学的实效性。例如，历史课上，学生可以直接“走进”古代的宫殿或战场，亲身体验历史事件，而不仅仅是通过课本上的文字和图片来了解；在英语课中，学生可以在虚拟环境中体验其他国家的文化活动和节日氛围等。

环境虚拟化还为远程教育提供了可能，学生不再受制于地理位置，可以在家中或任何一个有网络连接的地方，进入虚拟的课堂，与教师和其他学生进行实时的互动，实现真正的在线学习。

（三）信息技术教育的研究范畴及其作用

1. 信息技术教育的研究范畴

（1）学习过程和学习资源的设计。教学设计是在教育理论、传媒理论和学习心理学的指引下，系统而细致地构建教学系统，确保达成预定的学习目标。它涵盖了一系列关键步骤，包括对学习者的分析、明确学习目标、筛选学习内容、选定合适的教学媒体和策略，以及对学习成果进行评估。在整个教学环境中，教学设计被视为一个核心的且相对独立的研究领域。

（2）学习过程和资源的开发。学习过程和资源的开发关注在教学中如何高效地利用各类教学模式和媒体技术，这不仅是将理论与实践相结合的体现，还是用实际数据验证理论的一种方式。简单地引入某种新媒体技术并不意味着学习过程和资源的开发就此完成。真正的挑战在于如何基于实际经验持续改进整体教学系统，这种开发可以在不同的层次上进行，无论是单个教学项目、特定的课程，还是整个系统的工程规划。

（3）学习过程和资源的利用。学习过程和资源的利用着重于如何充分应用新技术、最新学科发现以及相关的信息资源，实现其在教育领域的广泛传播。随着科技的飞速发展，教育者需要时刻关注并积极整合各种新兴技术和资源，使其服务于教育目标。

（4）学习过程和资源的管理。学习过程和资源的管理更注重于如何科学地组织、调整和优化学习流程，整合并调配教学资源。它还涉及对教学系统和教学研究的管理。为了优化教学效果，必须实施科学的管理方法，确保教学资源得到合理的配置和应用。

（5）学习过程和资源的评价。学习过程和资源的评价则关注于如何客观地评估教学系统的运行状态和效率。评价工作要关注单个环节或因素，还需要从整体上对教学系统进行评估，结合形式评价和总结评价，从多个角度和使用多种方法进行评价。这样可以更加全面地了解教学系统的运行情况，进而优化和完善其性能。

2. 信息技术教育的作用

（1）更新教育观念。传统的教育方式强调知识的灌输和应试教育，而在信息技术影响下的现代教育更倾向于培养学生的创新思维、批判性思维和问题解决能力。信息技术为学生提供了一个自主学习和探索的环境，使他们不再仅仅是被动地接受知识，而是能够主动去寻找、分析和应用知识，这种转变鼓励学生成为终身学习者，强调知识的实际应用和跨学科学习。此外，信息技术教育还促进了个体化的学习，使每个学生都能够根据自己的兴趣和需求来选择学习的路径和速度。

（2）提高教学效率。在传统的教学模式中，教师常常受限于时间和空间，面临一对多的教学环境，这使得教师很难对每一个学生进行个性化指导。但在信息技术教育的加持下，数字化教材、在线课程、虚拟实验室等工具为教育者和学生提供了无穷的可能性。例如，学生可以根据自己的进度选择适合的学习材料，而教师可以利用智能系统实时追踪学生的学习进展，对可能出现的问题进行及时干预。这不仅使教学过程更为灵活，也有利于学生获得更加个性化的关注。

信息技术还为远程学习和合作提供了平台，消除了地理和时间上的限制，使得全球的资源可以轻松被分享和获取。通过数据分析和学习管理系统，教育者可以精确地了解哪些教学方法和内容是有效的，哪些需要改进，从而持续优化教学策略，提高教学效率。

（3）促进教育改革。在信息技术的助力下，教育模式正在从传统的、线性的、以教师为中心的模式转变为更加灵活、互动和以学生为中心的模式。例如，数字化教材和在线教育平台为学生提供了随时随地的学习机会，打破了时间和地点的束缚。虚拟实验室、模拟软件和增强现实技术使得复杂、危险或高成本的实验和实践活动成为可能，为学生提供了更丰富、更真实的学习体验。这些技术赋予了学生更大的学习自主权，使他们能够按照自己的节奏和风格进行学习。信息技术还促使教育者重新审视教育的目标和价值，更加注重培养学生的创新思维、批判性思维和职业生涯规划能力。总之，信息技术正在深刻改变教育的面貌，为教育改革提供强大的动力和广阔的空间。

（4）扩大教育规模。传统上，教育机构通常受限于地理位置、教室容量和教育资源。然而，随着在线教育平台和远程学习技术的崛起，物理限制已经不再是一个问题。无论是居住在偏远地区的学生，还是因为工作和家庭责任无法到校上课的成人，都可以通过在线课程获得同等的学习体验。这些平台既提供了传统的讲座和教材，又融合了互动讨论、实时反馈和多媒体内容，为学生提供了更加丰富和灵活的学习选择。而在全球化的背景下，信息技术教育也促进了国际的学术交流和合作，许多世界著名的大学和研究机构提供了大量的开放在线课程，使得全球各地的学生都可以享受到最前沿的学术资源和教学方法。虚拟班级和国际远程项目使得不同国家和文化背景的学生能够共同学习和交流，培养了他们的跨文化沟通能力和全球视野。

二、网络技术与高校英语教学结合的目标

（一）激发学生的问题意识

自人类降生之初，内在的求知欲和好奇心便已深植于骨髓，它们不仅构成了人们自由和理性的根基，更成为推动个体积极探索、解决问题，乃至于不断进取和创新的动力源泉。在教育中，培养学生的思考能力并不意味着直接传授答案，而是鼓励他们沿着启发式的学习之路前行。这种方法鼓励教育者以问题为中心，让学生自己去探索并找到答案。当教师和学生一同围绕这些问题进行自主和探索性的学习时，学习过程自然而然地转变为深入的思考活动，从而培养学生的多元思维能力。

现代的信息技术教育背景为高校英语教学带来了新的挑战和机遇，在这样的环境下，问题引导成为一种至关重要的教学方法。这要求教师不只是简单地抛出问题，而是将问题作为教学的核心。引导学生深入挖掘，刺激他们对问题的敏感度。更为重要的是，这些问题应与实际生活和学术前沿紧密相连，激发学生的探索热情，深入挖掘他们的潜能，培养他们的研究素养和对问题的解决能力，助力他们形成独特的人格魅力和职业特质。为了实现这些目标，教师必须营造一个开放和自由的学习环境，在这样的氛围中，学生可以自由地提出、探讨、分析和评估问题。这不仅帮助他们提高解决问题的能力，还有助于培养其独立判断和思考的能力。

（二）转变学生学习的方式

学习方式可以视为学生在面对学习挑战时，采纳的自主与探索性的基本认知导向与行为模式。这些方式涵盖了发现式学习、接纳式学习以

及团队合作式学习等多种形式。在当下这个充满变革的时代，高等教育机构采纳的教学方式是多元且灵活的，目的在于驱动学生改变传统的学习模式。这样的教学方式始于对学生的学习能力的认知，能够满足学生的学习需求，从而培养出与社会进步步伐相匹配的实用型人才。具体地说，这种变革可以从以下四个维度进行考虑。

第一，鼓励学生进行自主和探索式的学习。要充分挖掘学生的主观能动性，在学习过程中，让他们自主设定自己的进度。这种学习方式挑战了传统的依赖记忆的学习方法，目标是让学生真正掌握学习的技巧，将自己置于学习的核心位置，从而能够在多种情境下自如地转变自己的学习方式，并在创新和研究中进行深入学习。

第二，鼓励学生进行团队合作式的学习。独自学习虽然在某些情境下是必要的，但与他人合作往往能够得到更好的学习成果，只有学会与他人合作，学生才能真正理解知识并掌握所需的技能。因此，推进在线团队合作式学习变得尤为关键，这可以帮助学生与同伴和教师共同进步。

第三，注重实际应用的情境式教学。这要求教师关注学生在特定场景下的认知体验。借助现代技术，教师可以为学生创造出仿真的、真实的学习环境，使他们能够积极参与，从而提高他们的认知能力。

第四，注重在线学习与移动学习。随着网络技术的飞速发展，学生现在有机会接触到更加丰富和多样化的学习资源。在线学习和移动学习为学生提供了前所未有的便利，打破了传统的时空限制，使他们可以随时随地学习，并在需要时获得教师、同伴乃至专家学者的指导和帮助。这种自由和灵活的学习方式有助于学生在课外进一步提高自己的技能。

（三）促进学生的深度学习

深层次学习意味着学生要在对知识有了扎实理解的基础上，进行批判性的思考，并将这些新知识与原有的知识体系进行整合。这一过程涉及对新旧知识的融合，以及如何将既有知识应用于新的场景，进而自主地解决问题。学生如果采用深层次学习策略，他们就能更有效地整合和迁移知识，从而取得更好的学习成果。为此，高等教育机构有责任为学生创建一个深度学习的课堂环境，这样的环境不仅仅是一个深入加工知识的场所，更是一个鼓励师生互动、动态参与的平台。要创建这样的环境，就需要从传统的以教师为中心的教学模式转变为一个更为真实的具有批判性的以学生为中心的教学模式，其中围绕问题解决的深度学习机制应成为焦点。在这样的课堂中，学生能够更好地吸收和内化知识，更有力地培养他们的理性思考和创新能力。

（四）强调学生学习的责任

学生既要成为教学活动中的积极参与者，也要成为知识的探索者和发现者，主动承担学习的责任。这种转变标志着教学的焦点由“教”向“学”迁移，确保课堂上的活动不再仅以教师的授课为主，而更多地强调学生的主动学习，达到师生之间真正的协作教学。在这样的信息技术教育背景下，高校英语教学应该努力激发学生的积极性和主动性，并指导学生如何有效地将自己的精力和时间投入学习中，帮助学生避免在学习过程中的盲目性和随意性，引导他们逐步形成自主式和探索式的学习方法。

（五）培养学生的核心素养

核心素养的涵盖面既广泛又深刻，它反映了一个人所需具备的基本能力和特质。对于英语教学来说，培养学生的核心素养可以从以下几个关键点进行。

1. 语言能力

语言能力并不仅仅是学会使用语言，更重要的是根据不同的社会情境，有效地通过语言来理解和表达。对于英语教学而言，语言能力是学生的基石，也是他们核心素养的一部分。从语言学的角度来看，听、说、读、写、译是五个基础的语言技能，掌握这些技能有助于更全面地学习和使用语言。现代社会对于数据和图表的应用越来越频繁，因此学生还需要培养良好的视觉解读技能，以确保他们能够准确地理解和使用这些信息。

2. 文化品格

文化品格不仅包括对特定文化情感和现象的了解，还包括对语言所反映的社会文化现象的认知。真正的语言教学除了要教授语言本身，更重要的是帮助学生从多元文化的视角去思考，比较不同的文化，理解中西方文化的异同，促使学生更自信地面对外部文化，更有力地传播中华文化。

3. 思维品质

思维品质不同于常规的语言和思维能力，它专门针对英语学习中所需要的特定思维模式。在核心素养的培训中，这一品质更为接近学生的真实需求，优化学生的思维品质不仅与“立德树人”的教育理念相符，也与高等教育机构的英语教学改革目标保持一致。

（六）增强学生的学习体验

每个学生都是独特的，具有自身独有的学习风格和节奏。真正的教学应该以尊重学生的个体差异为前提，注重加强他们的学习体验。目前，许多高等教育机构在评估学生时，主要侧重选拔和区分，评价过程往往忽略了其对学生学习激励的功能，更多地关注成果，而非学习的过程。这种做法可能会为那些学术表现出色的学生带来良好的体验，但对于那些学术成绩较差的学生，可能会磨灭他们的学习热情，导致他们对学习失去信心，难以产生正向的情感体验。为了确保每个学生都能得到深刻的学习体验，高校教师在教学时，应鼓励学生亲身参与、体验、探索并解决问题。

与此同时，将课堂内容与实际生活和社会实践相结合是十分重要的，教师应适时检查并调整教学方法，确保它们满足学生的实际需求，并采用各种创新的技巧和方法开展教学，加强学生的学习体验。学生应该被鼓励更广泛地参与课堂活动，通过师生之间、学生之间的互动，实现真正的学习。

另外，选择合适的评价方式可以帮助学生更加明确自己的学习进度和方向，让他们体验到学习带来的成长和快乐，正确的评价方式可以提供给学生对自身的正确认识，激励他们更加积极地参与学习，发挥他们的最大潜力。

三、网络技术给高校英语教学带来的挑战

（一）对英语教师的信息素质提出了更高的要求

网络技术的迅速发展为现代社会带来了深刻的变革，特别是对高校英语教育的影响。为了适应这种技术转型，高校英语教师不但需要掌握相关的网络技术，而且需要具备一定的信息技术知识和信息处理能力。随着网络技术在社会各个领域的广泛应用，人们的工作、生活和学习方式都发生了显著的变化，教育领域当然也不例外。在传统的教学模式下，教师是知识的唯一提供者；但在当前的信息化环境中，学生不再只依赖教师来获取知识，他们可以利用各种网络资源和工具，从多种渠道获得所需的信息和知识。高校英语教师的角色也随之发生了改变，从传统的知识传授者转变为学生学习的引导者、辅导者。网络技术的广泛应用也为高校英语教学设置了更高的标准，教师不仅要掌握传统的教学方法和技能，还要灵活运用现代网络技术，整合多种教学资源，给学生提供多元化的学习体验。这也意味着，英语教师需要不断提高自己的专业水平，以满足新时代对他们的要求。网络技术为高校英语课堂带来了革命性的变革，现在的课堂不再受限于传统的教学环境，而是转向了基于互联网技术的新型教学模式。在这样的教学环境中，教师的角色也发生了相应的调整，他们既要继续承担传统教师角色中的职责，如传授知识、解决学生的疑惑等，也要面对教育信息化带来的新挑战。

传统教师角色中的一些职责，在现代教育环境中可能不再那么适用，如纯粹的管理者或者单向的知识灌输者，这些角色在当前的教学环境中

有其局限性，但这并不意味着传统的教师角色已经过时。相反，高校英语教师应该充分利用传统角色中的优点，如教育的责任心、对学生的关心和支持等，结合现代的教学技术，为学生提供更为全面和深入的学习体验。

（二）对学生的独立学习、全面发展提出了更高的要求

学生处于教学活动的核心位置，教师的每一个决策都必须以学生为中心进行。为了真正做到以学生为本，教师需要深入了解学生群体的共性，关注每一个学生的身心特点、学习习惯和发展需求，尊重与关心学生，为他们创设一个积极参与教学的有利环境，这对于提高教学质量和促进学生发展具有重要意义。

当今时代，随着网络技术的普及与深入应用，学生在教学活动中的主体性地位得到了进一步的强化。这种主体性地位的变化主要表现在以下几个方面。

1. 教学对象的自主选择权

学生对待教师的教学方式和内容不再是简单地、无条件地接受。他们期望教师的教学方法能够更好地满足自己的发展需求，因此学生拥有了更多的权利来决定接受或者拒绝某种教学方式或内容。

2. 教学内容的自主选择性

现代教育鼓励学生主动参与到教学内容的选择中来，这是为了激发学生的学习兴趣和主动性，学生对教学内容的选择已经成为他们学习自主性的一种重要表现。但需要明确的是，学生的这种选择权并不是无限的，而是在教学目标的大框架内进行的，这表明学生的选择是建立在教育专家对教学内容已初步筛选的基础上的。

3. 参与教学活动的积极性与主动性

学生学习的主动性和自觉性被视为学生学习主体性的核心，教师的工作不仅仅是向学生传授知识，更重要的是激发学生对学习的兴趣和热情，帮助他们建立自主学习的习惯。学生在学习过程中要积极地、主动

地运用自己的知识和经验去探索和理解新的知识。

（三）对信息技术下师生的有效互动提出了更高的要求

在网络技术成为日常生活的一部分之前，教师与学生的互动与交流场域主要限定于教室、操场和学校活动中心。传统的教室设置使得在上课时间，教师和学生的交流以完成当堂课的教学任务为主，而对于课程外的内容，双方的交流机会有限。在这种教学环境中，教师主讲、学生被动听的模式常常导致真正意义上的师生互动只存在于少数提问与回答中，缺乏深度和广度。

除了课堂内的时间限制，课后的环境也并不利于师生的交流，教师在学校不仅有教学任务，还需投入时间于其他工作，如科研等，同时学生的校园生活相对丰富多彩。由于双方都有各自的工作和学习任务要完成，导致他们很难在课外找到更多的时间和机会来进行有效的交流。事实上，在课外时间，大多数学生很难真正接触到教师，而那些偶尔发生的交流，往往是被动的，甚至可能存在一定的疏离感，这种情境进一步突显了学校中师生间的交流障碍。这些障碍既与教学安排的制约有关，也与教育技术的局限性有关，导致师生在课外缺乏真正的沟通平台。

网络技术的进步和在教学中的应用为师生带来了更为便捷的交流途径，双方可以在任何时间、任何地点进行线上交流。然而，这种线上的交流模式并非完美的，在网络课程中，由于师生不在同一个实际空间内，学生的学习状态、对教学内容的投入以及对教师的反馈，很大程度上依赖于他们的自觉性。教师不能像在传统课堂中那样直接监督和引导学生，难以确保每个学生都能在一个高度专注的状态下学习。实际上，不少学生在在线课程中选择了沉默或者“潜水”。当然，学生在线上的沉默和缺乏参与不仅是由网络课堂的时空背景和氛围造成的，还与其他因素有关，如教学内容的难度、呈现方式，以及教师的在线互动策略等。如果课程内容过于困难或其呈现方式不够吸引人，学生可能会更加倾向于选择沉默。

无论是传统的面对面教学模式还是现代的在线教学模式，师生之间的有效互动都面临着一系列的挑战，但网络技术为人们提供了新的交流工具和平台，也带来了新的机遇和可能性。为了充分利用这些机遇，教师和学生都更加需要学习、实践和适应，寻找最适合他们的交流方式，以达到真正的教与学的目的。

第二节　网络技术环境下高校英语教学中学生跨文化能力培养的原则

在网络技术环境下，高校开展英语教学跨文化能力的培养，应当遵循以下几个原则，如图 6-2 所示。

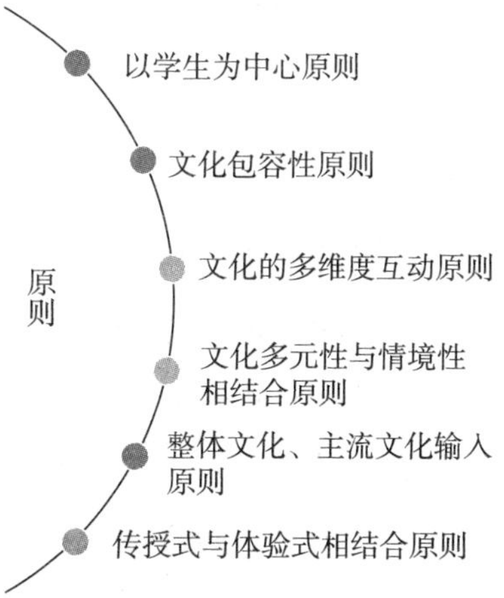

图 6-2　网络技术环境下高校英语教学中学生跨文化能力培养的原则

一、以学生为中心原则

在网络技术环境下的高校英语教学中，以学生为中心的原则显得尤为重要。该原则强调了学生在教学活动中的核心地位，教学设计、方法及评估都应围绕学生的需求和利益展开，以促进学生的全面发展。对于跨文化能力培养而言，这一原则更是关键，文化不仅是语言的载体，还是语言学习过程中不可或缺的一部分。为了使学生能够真正理解并掌握英语，教师需要考虑学生的文化背景、认知特点和学习风格。网络技术为教育者提供了众多工具和资源，可以帮助他们更好地了解学生的需求，并根据这些需求为学生制订合适的教学内容和方法。例如，教师可以利用在线问卷调查或者论坛讨论，收集学生的反馈，然后根据这些反馈调整教学策略，使之更加适应学生的实际需求。

以学生为中心的原则也意味着要尊重学生的多样性和个性，在跨文化能力的培养中，这一点尤为重要。每个学生都有自己独特的文化背景和经验，这些都是他们跨文化学习的宝贵资源。教师应该鼓励学生分享自己的文化经验，参与各种跨文化交流活动，增强学生的文化自信，为班级创造一个多元化的学习环境。利用网络技术，教师还可以组织在线文化交流活动，邀请外国友人参与，为学生提供一个真实的跨文化交流平台。

二、文化包容性原则

在全球化的背景下，网络技术为高校英语教学带来了前所未有的机会，使之跨越地域限制，触及多元的文化背景。这种广阔的教学场域提醒教师：每种文化都有其独特性，但也存在共通之处，英语教学不应只是语言的教学，更应深入文化的内核，挖掘不同文化之间的异同，并教会学生在异文化交往中找寻共通点，建立沟通桥梁。文化的包容性还要求学生能够察觉文化中的微妙差异，如思维方式、价值观念、行为习惯等，并能够适应这些差异。网络技术提供了丰富的资源，如各国的新闻、文化节目、社交平台等，这为教师提供了宝贵的素材，帮助学生直接感受和对比不同文化。

在网络技术的帮助下，学生有更多的机会接触到多种文化，但这也可能导致文化认同感的混淆，教师需要引导学生建立稳固的文化自觉和身份认同。学生应明白，了解和尊重其他文化并不意味着放弃自己的文化身份，而是在多元文化的交融中，找到自己的位置，奠定坚实的文化根基。

三、文化的多维度互动原则

在网络技术环境下，高校英语教学中学生的跨文化能力培养应遵循文化的多维度互动原则。这一原则强调从不同的维度深入探讨和理解文化，从而更好地培养学生的跨文化能力。

（一）时间维度

文化是历史的积累，是一个民族或社会在长时间内形成的共同认知和行为模式，要真正理解一种文化，就必须深入其历史背景，探索它的起源、发展和变迁。以英国的下午茶文化为例，这一习惯并非源于古老的英国传统，而是在19世纪中叶由女伯爵安娜·玛丽亚引入的。当时，英国的晚餐时间逐渐推迟，人们在午餐和晚餐之间感到饥饿，因此需要一顿小而精致的餐点来填补这一空档。这样，下午茶文化应运而生，随后迅速在英国上层社会中流行起来，并逐渐成为英国文化的一个重要组成部分。对于学生而言，了解这些背后的历史故事和社会背景，可以帮助他们更加深入地理解文化现象，培养他们的历史意识和文化敏感性。时间维度的探索，使学生能够跨越时空，与过去的文化进行对话，从而更好地理解和尊重不同的文化传统。

（二）空间维度

文化与其所处的地理环境和地域特色紧密相连，每一片土地，每一座高山，都孕育了独特的文化和传统。空间维度的探索，让学生能够从地理和地域的角度去深入理解和欣赏不同的文化。以美国为例，它是一个跨越五大湖、三大洋、广袤平原和崎岖山脉的国家，美国的地理环境造就了美国的多样性，从东部的工业化城市到西部的草原和沙漠，每一片土地都有其独特的文化和历史。这种地理上的多样性为美国带来了各种各样的移民，他们带来了自己的文化、习惯和信仰，与当地的文化相互融合，形成了今天的美国多元文化。学生只有了解这些地理背景，才能更加深入地理解文化现象，培养自己的地理意识和文化敏感性。

（三）社会维度

文化与其所处的社会环境是密不可分的，社会结构、社会制度和社会价值观都在某种程度上塑造和反映了一个国家或地区的文化特质。为了更好地理解和评价不同的文化现象，学生需要从社会的角度进行深入的分析。以中国为例，其深厚的家庭观念与历史悠久的社会结构和价值观有着紧密的联系。在中国传统文化中，家庭被视为社会的基石，家庭成员之间的关系和互动模式都受到了尊老爱幼、孝顺父母等传统价值观的影响。此外，中国的社会结构，如宗族制度、家族企业等，也都与家庭观念有关，这种社会结构和价值观为中国的家庭文化奠定了坚实的基础。深入了解这些社会背景和价值观，可以帮助学生更加深入地理解文化现象，更好地尊重和欣赏不同的文化传统。

上述三个维度并不是孤立的，而是相互影响、相互渗透的。历史背景会影响地域的文化发展，地理环境会对社会结构产生影响，而社会价值观又会随时间的推移而演变。因此，为了更好地理解和尊重不同的文化，学生需要从这三个维度出发，全面、深入地探讨文化现象，从而更好地培养自己的跨文化能力。

四、文化多元性与情境性相结合原则

文化多元性强调了认识和尊重不同文化的重要性，网络技术为学生提供了一个观察和学习世界各地文化的窗口，使他们能够从各种渠道获得信息，包括在线文章、视频、音频和社交媒体。这种多样的文化输入促使学生扩展视野，了解其他国家和地区的人们如何思考、行动和交流。例如，学生可以通过在线平台观看来自其他国家的电影，了解其他文化的日常生活、价值观和习惯。

情境性则关注为学生提供真实的、有意义的学习经验，真实的文化情境可以帮助学生更好地理解文化的细节和复杂性。在线平台和虚拟现实技术为学生提供了一个模拟真实生活中各种情境的平台，如参加一个国外的婚礼、节日庆典或商业会议，情境化的学习方法可以帮助学生更深入地理解和应用文化知识。

当文化多元性与情境性结合在一起时，学生不仅能够了解和欣赏其他文化，还能够在真实或模拟的跨文化交流情境中实践他们的知识和技能，这种结合使得学生的学习既广泛又深入。教师在教学中应注重为学生创造多元化和情境化的学习机会，鼓励他们主动参与、探索和反思。例如，教师可以组织国际化的在线小组讨论、跨文化项目合作或模拟国际会议，使学生能够在实际情境中应用所学的跨文化交流策略。

五、整体文化、主流文化输入原则

整体文化输入原则强调，任何文化都不是一个个孤立的、片段的信息或现象，而是一个连贯的、有机的整体。对于学生来说，仅仅学习文化的某一小部分或某一特定方面是远远不够的，他们需要一个更为全面的视角，能够涵盖文化的各个方面，从而深入地、全面地了解和理解这一文化。教育者在设计课程和教学活动时，必须从整体上思考，确保所传递的文化信息是全面的、连贯的，而不是零碎的、孤立的。

主流文化输入原则强调了在跨文化教学中，学生需要首先接触和了解目标文化的主流观点、价值观和行为习惯。主流文化往往代表了一个国家或地区的主要文化特征和价值取向，是最能够反映该文化核心和精髓的部分。学生在了解了主流文化的基础上，可以更好地理解其他的、边缘的，甚至是反主流的文化现象。这种从主流到边缘的学习路径，既可以确保学生获得的文化信息是最为核心和基础的，又可以使他们逐步扩展视野，深入探索和了解文化的多样性和复杂性。

这两个原则对于高校英语教学有着重要的意义，它们不仅提供了一个清晰、系统的教学框架，帮助教师更有目的性和系统性地进行跨文化教学，还为学生提供了一条全面、深入的学习路径，使他们能够更好地了解、理解和欣赏目标文化。在网络技术的支持下，这两个原则可以得到更为有效的实施，为高校英语教学的跨文化能力培养提供了强大的动力和支持。

六、传授式与体验式相结合原则

传授式教学，即以教师为中心的、传统的教学方式，注重知识的传递和掌握。在这种模式下，教师是主导，负责为学生提供文化知识、概念和理论，确保学生能够系统地、有条理地了解目标文化。传授式教学的优势在于它可以确保学生获得一个清晰、结构化的文化框架，有助于他们建立起对目标文化的基本认知。

然而，仅仅依赖传授式教学是不够的，文化是一套理论和概念，更是一种生活方式、一种思维方式、一种感受和体验的方式。为了使学生真正理解和感受到文化的内涵和精髓，体验式教学方法显得尤为重要。体验式教学，如其名所示，是以学生为中心的、实践性的教学方式。它鼓励学生亲身参与、动手操作，通过实际的体验来深入了解和感受文化。在网络技术的支持下，学生可以通过各种在线平台和工具，如虚拟现实、社交媒体和在线交流平台，来模拟真实的跨文化交流场景，与来自不同文化背景的人进行互动，获得第一手的文化体验。

将传授式和体验式的教学方法相结合，意味着教育者不仅要为学生提供文化的知识和理论，还要为他们提供丰富、多样的实践机会，使他们能够在实践中深入理解、感受和体验文化。这种综合性的教学方法可以确保学生从多个维度、多个角度来全面了解和接触文化，从而更好地培养他们的跨文化能力。在网络技术的支持下，这一原则可以得到更为高效和广泛的实施，为高校英语教学的跨文化能力培养提供强有力的支撑。

第三节　网络技术环境下高校英语教学中学生跨文化能力培养的策略

在网络技术环境下，高校英语教学中学生跨文化能力的培养可以采取以下几种策略，如图 6-3 所示。

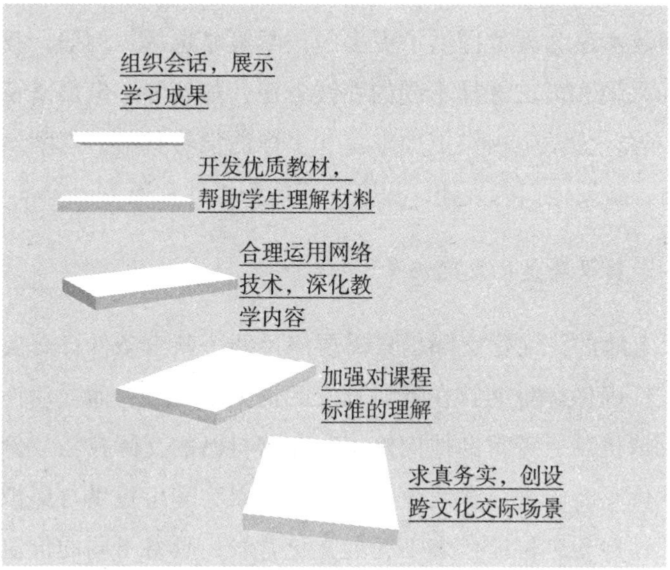

图 6-3　网络技术环境下高校英语教学中学生跨文化能力培养的策略

一、求真务实，创设跨文化交际场景

（一）求真务实的重要性

在英语教学领域，随着全球化的推进和跨文化交流的加强，为学生提供一个真实的学习环境比以往任何时候都更为重要。求真务实在这里指的是学生能够在多种文化和社会背景下进行有效的交流和互动。网络技术的介入为实现这一目标提供了宝贵的工具和资源，传统的课堂教学可能限于教科书和教师的知识范围，但现在的学生可以利用网络技术轻松地与世界各地的同龄人、专家或其他文化背景的人进行互动。这些直接的交流机会为学生带来了真实的语言环境，让他们能够在实际情境中练习英语。更重要的是，当学生与来自不同文化背景的人交流时，他们不仅是在交流语言，还是在交流文化、价值观和思维方式。深度的交流有助于学生更好地理解语言背后的文化和社会背景，增强他们的跨文化能力。

网络技术还为教师提供了更多的教学策略选择。例如，教师可以根据学生的兴趣和需求选择不同的在线资源，如新闻、电影、音乐或其他多媒体内容，为学生提供更加丰富、多样的学习材料，帮助学生更好地理解英语，激发他们的兴趣，提高学习的积极性和效果。

（二）创设跨文化交际场景

一个有效的跨文化交际场景需要满足两个基本条件：真实性和互动性。真实性确保学生能够在近似真实的情境中学习，而互动性则提供了必要的反馈机制，可帮助他们修正和完善自己的交际技巧。例如，通过特定的软件平台，进行在线模拟对话，可以为学生提供与虚拟角色对话的机会。这些角色可能代表不同的文化背景，具备不同的价值观和交际习惯。通过与这些角色互动，学生可以在一个相对安全的环境中尝试、犯错并学习。虚拟现实体验则更进一步，它提供了一个 360 度的沉浸式环境，使学生仿佛身处异国他乡，包括参观虚拟的文化遗址、节日庆典或与虚拟居民互动。沉浸式的学习体验可以使得学生对文化的感知更加直观和深入。真实的交流，如与外国学生的在线合作项目或笔友活动，是最有挑战性但回报也最高的。它允许学生在真实的跨文化交际情境中应用他们的知识。真实的互动提供了难得的机会，让学生在实践中锻炼自己的交际技巧，同时为他们提供了一个了解其他文化的窗口。

（三）培训与指导

培训不仅仅是传授知识，它还涉及技能和态度的培养，学生需要了解不同文化的价值观、信仰和行为规范。例如，在某些文化中直接的沟通方式可能被视为率直和诚实，而在其他文化中可能被视为冒犯。同样，身体语言、接触和个人空间的界定也在不同的文化中有所不同。通过网络技术提供的在线课程，学生可以观看和分析不同的跨文化交流实例，更好地理解这些细微差异。学生还需要时常思考他们的交际经验，考虑哪些策略有效，哪些需要改进。教师或者培训师可以为学生提供宝贵的建议，帮助他们看到自己可能忽视的文化陷阱或误区。

二、加强对课程标准的理解

高校英语教学中，课程标准可以被视为一座桥梁，连接教师的教学目标与学生的学习目标。每一个章节、每一个话题、每一个技能点都是经过深思熟虑的，以满足学生的学术和应用需求。课程标准的存在，使教师和学生有了明确的方向和路径。它为教师提供了一种方法，来确保教学内容的连贯性和逻辑性，避免了片面化或碎片化的教学。对于学生而言，课程标准是他们学习的路线图，帮助他们明确学习目标、了解课程要求并自我检测学习进度。

在当前网络技术高度发达的背景下，课程标准的作用并没有减弱，反而变得更为关键。网络为教师和学生提供了大量的信息和资源，但这同样也可能导致他们在海量信息中迷失方向。此时，一个结构清晰、内容丰富、具有指导性的课程标准便是指引他们前行的灯塔。课程标准既指引了学习的方向，还为教师提供了筛选和整合网络资源的依据，使得教学更加高效和具有针对性。

三、合理运用网络技术，深化教学内容

网络技术使得信息获取变得更加方便和快捷，借助于这一优势，教

师能够快速地搜集到来自世界各地的最新英语教学理念、教材和实践案例。当一个新的文化现象或语言用法出现时，教师可以迅速地将其纳入教学内容，确保学生能够与时俱进，学习到最新、最真实的语言材料。利用网络平台，教师有可能将传统的课堂扩展到全球范围。通过与其他国家的学校和教师进行合作，教师可以组织在线的跨文化交流活动，如视频会议、在线讨论和合作项目等，以此加深学生对英语文化的理解，培养他们的跨文化能力和团队合作精神。

数字化资源如互动软件、模拟游戏和在线测验，都为教学内容的深化提供了丰富的实践工具。例如，教师可以使用模拟游戏来让学生体验不同文化的商务礼仪，或者利用在线测验来检测学生对某一主题的理解程度。这些工具使学习变得更加有趣，能有效提高学生的学习效果。

四、开发优质教材，帮助学生理解材料

教材的核心应始终是其内容，优质的教材不应只是简单的语言知识传递，而要反映真实的文化背景和生活情境。在这方面，教师和教材开发者应深入研究各种英语使用的文化环境，如商务、旅游、日常生活等，以确保教材内容的真实性和实用性。考虑到学生的多样性和不同的学习需求，教材应提供各种类型的文本，如文章、对话、故事和新闻等，以满足不同学生的兴趣和需求。

此外，网络技术为教材的形式和功能提供了无限的可能性。利用现代技术，教材可以变得更加互动和生动。例如，教材可以包含音频、视频、动画和互动练习等，以增强学生的学习体验。网络技术还允许教材与其他在线资源如词典、文化背景介绍和实时新闻等进行连接，使学生可以随时深入学习和探索。而针对跨文化交流，教材还可以包括模拟的跨文化对话和情境，帮助学生了解和练习真实的跨文化交际技能。

五、组织会话，展示学习成果

在传统的教学模式中，会话主要通过角色扮演和小组讨论的形式进

行，但在网络技术环境下，这种方法得到了极大的拓展。例如，教师可以利用视频会议工具组织国际化的交流活动，让学生与来自其他国家和地区有着不同文化背景的学生进行真实的对话，这能锻炼学生的英语口语能力，让他们在实际的交流中体验和理解不同的文化习俗和价值观。这种跨文化交流还为学生提供了一个展示自己学习成果的机会，他们可以分享自己的经验和感受，得到他人的反馈和建议。

组织会话也可以为学生提供一个与真实世界相连的学习场景。例如，教师可以组织一系列的项目活动，让学生与真实的企业或机构合作，进行跨文化的沟通和交流。真实的场景可以锻炼学生的实际应用能力，让他们体验到英语学习的价值和意义。通过这种方式，学生不仅能够展示自己的学习成果，还能为自己未来的职业生涯打下坚实的基础。

第七章　新时代高校英语教育中跨文化能力培养的新发展

第一节　关于高校英语教育中跨文化能力培养转型和创新的思考

一、以学生为中心的个性化跨文化学习路径设计

在现代教育环境中，学生的需求和背景日益多样化。为了更好地培养高校学生的英语跨文化能力，教学方法应致力满足每个学生的独特需求，这要求教师改变传统的教学模式，进行个性化跨文化学习路径的设计。具体包括以下几点，如图 7–1 所示。

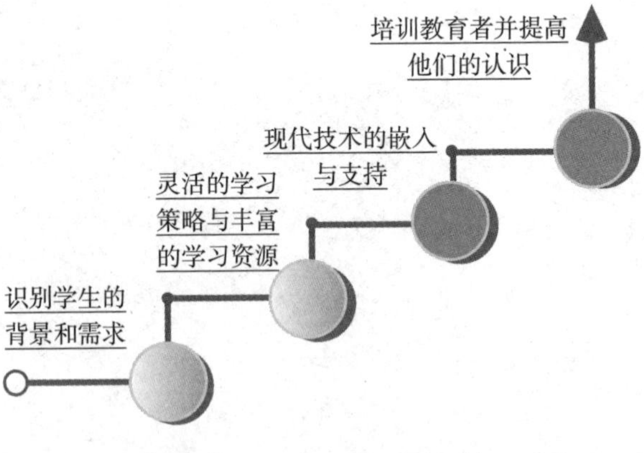

图 7–1　以学生为中心的个性化跨文化学习路径设计

（一）识别学生的背景和需求

1. 学生的家庭背景

学生的家庭背景，如他们的家庭结构、经济状况和所属社区，可能影响他们的学习动机和期望。一些学生可能来自以英语为第二语言的家庭，而一些学生则可能在双语或多语环境中长大。这种家庭背景为学生带来丰富的语言资源，但也可能带来一些学习英语的挑战。

2. 社会和文化背景

社会和文化背景则深深影响学生的价值观、信仰和行为习惯。例如，某些文化可能鼓励开放的讨论和批判性思维，而其他文化则可能更重视尊重和谦逊。对于教师来说，理解这些差异并在教学中加以考虑是至关重要的，否则，他们可能无意中冒犯了学生，或者误解了学生的行为和需求。

3. 学生的教育经历

学生的教育经历，如他们之前接受的英语教育方式、使用的教材等，也会影响他们对高校英语课程的期望和需求。一些学生可能习惯了以考试为导向的学习方式，而其他学生则可能更喜欢以项目或任务为基础的学习活动。

为了更好地满足每个学生的需求，教师需要对学生的背景进行深入的了解，并据此提供学习资源和设计学习活动。例如，教师可以为那些在某一文化中有丰富经验的学生提供更高阶的学习材料，而为那些对某一文化不熟悉的学生提供基础入门材料。通过这种方式，教师可以确保所有学生都能够在舒适、支持和挑战的环境中学习，最大限度地提高他们的英语跨文化能力。

（二）灵活的学习策略与丰富的学习资源

在全球化和数字化的时代，个性化教育已经从一种理念转变为教学实践的需求。灵活性在这一变革中扮演着核心角色，灵活的学习策略和资源旨在满足不同学生的个体需求，打破传统的“一刀切”教学模式，确保每个学生能够在适合自己的速度和方式下进行学习。英语是世界通用语言，其学习内容和环境远超过课堂的四墙，不同的文化、地域和社会都为英语学习带来了丰富的学习资源，灵活的学习策略意味着教师可以根据学生的背景、能力和兴趣选择最适合他们的教学内容和方法。例如，数字化资源如在线课程、多媒体教材和互动平台为学生提供了丰富的学习选择。那些喜欢自主学习的学生，可以选择在线课程进行深度学习；而那些更喜欢与他人互动的学生，则可以参与在线讨论或协作项目。这些资源不仅增加了学习的趣味性，还使学生能够根据自己的进度和兴趣选择学习内容。实地考察和文化交流活动为学生提供了真实的跨文化交际经验，通过参观当地社区、与当地居民交往或参与国际交流项目，学生可以更深入地了解和体验英语所代表的多元文化。

灵活的学习策略也带来了一些挑战，教师需要时刻关注学生的学习进度和需求，确保他们不会迷失在众多的学习资源中。因此，教师应具备高度的教学能力和创新精神，并与学生进行密切沟通和合作。

（三）现代技术的嵌入与支持

现代技术，如人工智能和大数据，为教育带来了前所未有的可能性。这些技术通过实时分析学生的行为和反馈，为教师提供了宝贵的数据。这些数据可以反映学生的学习模式、困难和需求。例如，在学生进行在线课程学习时，系统可以通过分析他们的点击率、答题时间和答题正确率来判断他们的学习状况，从而为他们提供更合适的学习资源和策略。现代技术也极大地丰富了教学内容，虚拟现实（VR）和增强现实（AR）技术为学生创造了真实的跨文化场景。比如，学生可以通过 VR 设备“访问”伦敦的大英博物馆，“体验”纽约的时代广场，或者“走进”印度的泰姬陵。沉浸式的体验增加了学生学习的趣味性，也使学生能够更直观地了解不同文化的特点。

（四）培训教育者并提高他们的认识

教育者的培训应该着重于两个主要方面。首先，他们需要熟悉和掌握新的教育技术和工具，以便为学生提供更加多样化和有针对性的学习资源，包括操作在线教育平台、整合各种数字资源，以及使用人工智能和大数据技术来跟踪和分析学生的学习进展。其次，教师还需要对个性化教学和跨文化教学的理念进行深入的学习和思考。他们应该认识到，每个学生都是独特的，拥有自己的背景、经验和需求，教师需要放弃“一刀切”的教学方式，转而采取更加灵活和多样化的策略，以满足每个学生的具体需求。而在跨文化教学中，教师还需要具备跨文化沟通的能力，能够理解和尊重不同的文化和价值观。

二、将跨文化能力纳入高校英语教育评估与认证体系

（一）评估与认证体系的调整

评估与认证体系的调整需要确保对跨文化沟通的重要性有一个明确的认识，跨文化沟通不仅涉及语言的传递，还涉及文化背景、信仰、价值观、社会习惯等的互动。例如，一些词语和表达在某些文化中可能是正常的，但在其他文化中可能是冒犯的。因此，在评估学生的能力时，既要关注他们如何流利地使用英语，还要看他们能否在跨文化环境中有效、恰当地沟通。

（二）具体的评估标准与方法

跨文化能力的评估标准应该包括学生对不同文化的了解、跨文化沟通策略的运用，以及在实际跨文化交流中的表现。评估方法包括文化知识测试、跨文化沟通策略的应用题，以及模拟跨文化交流的实际情境。此外，在评估过程中还应该鼓励学生展示自己在跨文化交流中的创新和批判思维能力。

三、强化与国际高等教育机构的合作，共同推进跨文化教学

（一）利用网络技术促进国际合作

网络技术已经深度融合了现代教育的各个层面，为国际学术交流与合作搭建了高效、便捷的桥梁。在这样的背景下，高等教育机构不再受制于地理位置和时区，可以轻松地与全球各地的同行进行互动。通过在线教学平台，教师可以共享教学资源、研究成果等，为学生创造出更为广阔的学术视野。例如，数字图书馆使得古老的文献和现代的研究报告都可以在网络上得到公平的展示，而学生可以在这样的平台上自由地浏览、下载和交流，大大提高学习的效率和效果。

具体到跨文化教学，网络技术可以模拟真实的跨文化交流环境，使学生身临其境地体验与不同文化背景的人进行沟通的过程。例如，一名在中国的学生可以通过虚拟实验室与美国、印度、法国等国家的学生合作，共同完成一个国际研究项目或文化交流任务。在这样的项目中，学生不仅要面对语言和文化的差异，还要学会如何解决实际的团队合作问题，如时间安排、任务分工和沟通策略等。这样的真实体验有助于提高学生的语言技能和文化敏感性，培养他们的团队合作精神和问题解决能力，而这正是现代社会对高等教育毕业生的核心要求。

（二）国际高等教育机构的共同责任

国际高等教育机构是知识的守护者和传播者，也是跨文化交流的重要桥梁。在全球化日益加剧的当下，这些机构已不再是单打独斗的孤岛。通过网络技术，它们可以轻易地互相联系，共享教育资源和研究成果，减少了重复劳动，提高了工作效率，进一步推动了跨文化教学的发展，让学生从中受益。例如，当一所大学在跨文化教学方面取得了显著的进展时，它可以通过在线平台与其他学校分享这些经验和方法，帮助它们改进教学模式。

为了确保跨文化教学的质量和效果，国际高等教育机构需要共同制定一套完整而统一的教学标准和评估方法。这套标准应该涵盖文化知识、跨文化交流技能，以及批判思维等多个方面，确保学生能够全面而深入地了解和体验不同的文化。评估方法也应该既有定量的测试，也有定性的分析，以确保学生真正理解和掌握跨文化交流的核心技能。这套标准和评估方法还应该随着时代的发展不断更新，始终与国际前沿的教育理念和技术保持一致。

第二节　未来跨文化教育的努力方向和改进措施

一、与社会和企业的合作模式探索

跨文化教育在不断演变，为了更好地适应全球化的时代，跨文化教育不仅需要培养学生的文化意识和交际能力，还需要与社会和企业建立合作模式，确保教育内容与实际需求相结合。具体包括以下几点，如图 7–2 所示。

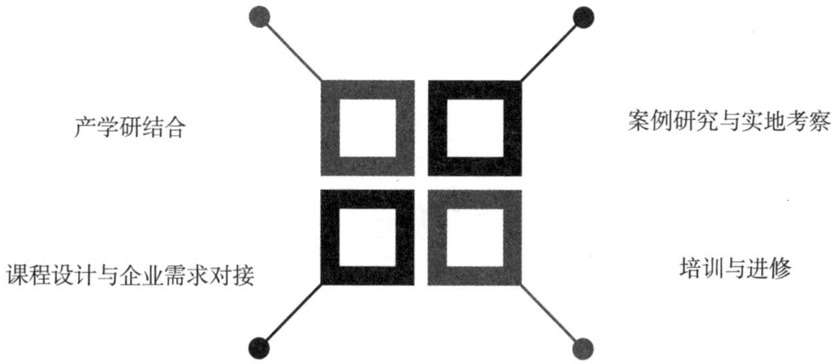

图 7–2　跨文化教育与社会和企业的合作模式

（一）课程设计与企业需求对接

1. 反映真实需求

企业在全球化的环境中面临跨文化交流的挑战，包括与外国客户的沟通、国外分支机构的管理和文化差异导致的误解等。因此，企业对员工不仅有语言能力的要求，还希望他们拥有跨文化沟通的能力。例如，一个跨国公司在与不同国家的公司的交往中，可能会因为不同的商务礼仪或沟通风格而遇到困难，这些实际的需求应该被纳入英语跨文化教育的课程，以确保学生能够在真实场景中应对。

2. 灵活调整课程结构

随着企业需求的变化，英语跨文化教育的课程结构也应该进行相应的调整。比如，如果某个时期，欧洲的市场对某企业变得非常重要，那么与欧洲文化相关的课程内容可能就应该被加强。教育机构可以通过与企业进行定期的沟通，了解其最新的需求，进而更新课程内容。

（二）产学研结合

1. 真实场景的模拟与应用

产业界的经验为学生提供了丰富的真实场景，使他们能够在学习过程中模拟真实的跨文化交流情境。例如，一个跨国企业在与外国伙伴的合作中可能会面临由文化差异引起的沟通障碍，这种经验可以转化为课堂上的案例研究，让学生亲身体验和扫除这种沟通障碍。

2. 理论与实践的紧密结合

学术界对跨文化交流的深入研究为教育奠定了坚实的理论基础。将这些理论与产业界的实际经验相结合，可以确保学生既掌握扎实的理论知识，又具备实际应用能力。例如，学术研究可能揭示了某种文化中的沟通习惯，而企业的实践则可以展示如何在具体的交往中应用这些知识。

3. 创新技术的引入

研究机构通常处于技术创新的前沿，他们开发的新技术，如虚拟现实、人工智能等，可以被引入教育中，以提供更高效、更具沉浸感的学习体验。例如，通过虚拟现实技术，学生可以“亲临”一个外国文化的环境，体验当地的生活和交往方式。

4. 项目协同与合作

产、学、研三方可以合作开展具体的项目，提供一个综合性的学习平台。这种项目既为学生提供了实际操作的机会，还促使三方之间的资源和知识得到共享。例如，一家企业可能需要开发一个针对外国市场的广告策略，学术界的研究者可以提供相关的文化背景知识，而学生则参与广告的设计和测试，最终形成一个具有创新性和实用性的解决方案。

5. 资源共享与交流

三方的合作还为资源和知识的共享提供了便利。例如，企业可能拥有丰富的跨文化交流资料和案例，学术界则可以提供最新的研究成果和理论，而研究机构则可以分享其技术资源。通过这种方式，教育的质量和广度都得到了提升。

（三）案例研究与实地考察

1. 案例研究的价值

案例研究所描述的事件、情境和问题都源自真实的生活经验，学生可以从中直观地看到文化差异如何影响真实世界中的决策和交流。与简单的教科书理论或定义相比，案例更能引起学生的共鸣，使他们更加投入学习。通过对特定案例的深入分析，学生可以更好地理解跨文化交流中的复杂性和多样性。当学生在未来遇到类似的跨文化问题时，他们可以回想和应用在案例研究中学到的知识和策略，避免犯相同的错误。这种学习与应用的结合，使得案例研究成为跨文化教育中的重要教学工具。

2. 实地考察的直接体验

与案例研究不同，实地考察使学生置身于一个全新的文化环境中，让他们能够身临其境地体验文化差异，这种沉浸式的学习方式远远超越了传统的课堂教学。例如，在参观跨国企业的海外分公司时，学生可以直接看到企业是如何适应当地文化，如何与当地员工互动，以及如何处理可能出现的文化冲突的。置身于一个不同的文化环境中，学生会更加敏感地意识到自己的文化背景和其他文化之间的差异，他们会关注并反思自己的文化习惯和偏见，这有利于他们培养出更加开放和包容的跨文化态度。通过实地考察，学生还可以更加深入地了解当地的历史、文化、社会结构和经济发展，加深对文化知识的掌握，使自己在日后的跨文化交流中更加得心应手，为自己在跨文化领域的职业生涯奠定坚实的基础。

实地考察不仅是一次观察和学习的机会，也是一个实际操作的机会。学生可以尝试在一个新的文化环境中与人沟通、开展活动，从而锻炼自己的跨文化交流能力。例如，在考察某个国家时，学生可能会被要求与当地居民进行简短的交流，或者进行小型的市场调查，这都是很好的实践机会。

（四）培训与进修

在全球化浪潮下，企业和社会所面临的跨文化挑战越来越多，具有针对性的培训与进修课程显得尤为重要。例如，跨国谈判技巧和国际商务礼仪不仅涉及基本的文化差异，还涉及各种微妙的沟通策略、习惯和礼节，这些内容对于企业员工，尤其是经常与外国合作伙伴打交道的员工来说，是不可或缺的。正因为如此，课程的内容应当既具有实用性，又具有针对性，以满足不同企业和员工的具体需求。在实际操作中，企业可以根据员工的岗位特点、合作国家的特性和实际业务需求来设计课程内容。例如，对于与中东国家合作的企业，可能需要加强对伊斯兰文化和礼仪的培训；而对于与欧洲国家合作的企业，则可能需要加强对商务礼仪和合同谈判技巧的培训。此外，企业还可以邀请经验丰富的国际商务专家和文化顾问为员工提供培训，以确保培训内容的权威性和实用性。

随着时间的推移，国际商务环境和跨文化交流的特点也在不断变化，企业提供的培训与进修课程不能一成不变，而应当与时俱进，定期更新内容。在这方面，企业可以结合自身的经营情况，定期对培训内容进行评估和修订。例如，随着数字化和网络技术的发展，虚拟会议和远程工作成为新的趋势，这就需要企业对相关的沟通技巧和工具进行培训。企业也应鼓励员工积极参与培训和进修，同时提供各种学习资源和机会，如在线课程、工作坊、研讨会等，并与教育机构和培训机构建立合作关系，共同开发和提供高质量的培训课程，以确保员工能够掌握最新的跨文化交流技能和知识。

二、培养学生的批判思维和文化自觉

在英语跨文化教育中，培养批判思维的重要性不言而喻。当面对两种或多种文化的碰撞时，如果缺乏批判思维，学生可能会盲目接受或拒绝某一文化的观点和价值，而没有进行深入的思考和分析。文化自觉是指对自己文化背景的深入了解和反思，只有深入了解和反思自己的文化，才能真正理解其他文化的特点和价值。要培养学生的批判思维和文化自觉，教师应当组织学生就一些跨文化交流的热点问题进行辩论和讨论，如“全球化是否导致文化同质化”“语言是否决定思维”等；鼓励学生阅读一些与跨文化交流相关的批判性文章和书籍，并进行写作，提出自己的观点和看法；让学生写下自己的文化背景和经验，分享自己与文化相关的故事和情感等。

三、持续投入资金与资源

（一）持续资金与资源投入的必要性

英语跨文化教育所涉及的文化内容并非固定不变的，随着全球文化交流和碰撞，其内涵和形态都在不断地发展和变化，教材必须与时俱进，反映出当下真实的文化现象和特点。对于资金而言，它确保了教材能够持续地进行田野调查、案例研究，甚至与国际教育机构合作，以引入更广泛的文化视角和最新的文化研究成果。此外，随着技术的发展，数字化和多媒体教材也日益受到重视，它们为学生提供了更加直观、互动的学习体验，但这也意味着更高的制作和更新成本。

在资源方面，除了物质上的，其更多地表现为人力资源，尤其是教师的培训与发展。优质的教材需要有相应素质的教师来进行有效传授，持续的培训项目能确保教师掌握最新的跨文化理论和教学方法，也可以促进他们对不同文化的深入了解。而对于学生来说，交流项目的扩大为他们提供了亲身体验和深入了解其他文化的宝贵机会。

（二）资金投入与教材和课程的革新

资金投入能够驱动教材内容的多样化，使之不仅包含传统的跨文化理论和模型，还能涵盖新兴的文化现象和交流模式。随着技术的进步，数字化和多媒体教材成为教学的新趋势，这为学生提供了更加直观、互动的学习体验。然而，这也意味着更高的制作和更新成本，只有足够的资金支持，才能确保教材的技术与内容同步更新，以满足学生的多样化需求。除了教材，资金也对课程设计和实施产生深远影响，足够的资金可以支持更多的田野调查和文化研究，从而为课程内容提供更为丰富和深入的素材。更为关键的是，它还能支持跨学科的合作。比如，与社会学、心理学或商业管理学等领域的结合，使得跨文化教育更具实用性和针对性。总之，持续的资金投入对于英语跨文化教育的教材和课程革新至关重要，它不仅提供了物质基础，更为教育带来了创新的动力。

（三）资源的投入与教师的持续发展

优秀的教材和课程设定需要有高素质的教师来实施。因此，对教师进行持续的培训和发展至关重要。这不仅涉及他们在教学方法上的培训，还涉及他们对各种文化的深入了解和体验。这可能意味着组织教师参与国际交流项目，或者为他们提供深度研修的机会，以确保他们能够提供真实、深入的文化教学。

参考文献

[1] 苏辛欣 . 跨文化交际视域下的翻译教学 [M]. 长春：吉林人民出版社，2019.

[2] 王景文 . 跨文化交际与高校英语教学研究 [M]. 长春：吉林出版集团股份有限公司， 2022.

[3] 唐昊，徐剑波，李昶 . 跨文化背景下英语翻译理论研究与实践探索 [M]. 长春：吉林人民出版社， 2020.

[4] 曲琳琳 . 跨文化视野下英语教学研究 [M]. 天津：天津科学技术出版社，2020.

[5] 郭坤 . 全球化背景下大学英语跨文化教学研究 [M]. 成都：电子科技大学出版社， 2017.

[6] 朱雪艳 . 文化意识与英语教学 [M]. 上海：上海交通大学出版社， 2017.

[7] 哈里斯 . 新艺术史批评导论 [M]. 徐建，译 . 南京：江苏美术出版社，2010.

[8] 肖川 . 教育的真义：价值引导与自主建构 [J]. 教师之友，2004（2）：51–53.

[9] 赵富霞 . 跨文化能力培养目标下外语教师角色重塑探析 [J]. 湖北开放职业学院学报，2023，36（13）：47–49.

[10] 朱兵艳，刘士祥，贺东建 . 高校英语教育的“大先生”：价值意蕴与培育路径 [J]. 高教学刊，2023，9（18）：68–71.

[11] 谢莉 . 跨文化交际视角下的英语教学思路优化策略 [J]. 辽宁经济职业技术学院 辽宁经济管理干部学院学报，2023（3）：171–174.

[12] 张金华 . 跨文化交际导向下高中英语文化校本课程开发路径探析 [J]. 福建教育学院学报，2023，24（5）：22–24，41.

[13] 李冬瑞 . 跨文化交际背景下的大学英语教学模式分析 [J]. 英语广场，2023

（14）：63–66.
[14] 王一荃 . 跨文化交际视角下的文化迁移探索 [J]. 校园英语，2023（18）：190–192.
[15] 朱文娟 . 跨文化交际视阈下文化共情的价值申辩与培养机制探赜 [J]. 汉江师范学院学报，2023，43（2）：56–60.
[16] 陈娟，陈为旭 . 跨文化能力与通识能力的时代契合分析 [J]. 闽南师范大学学报（哲学社会科学版），2023，37（1）：121–127.
[17] 刘畅 . 教师跨文化能力在高职院校教育国际化中的作用 [J]. 沙洲职业工学院学报，2023，26（1）：25–31.
[18] 王威 . 跨文化交际视角下中国文化传播策略研究 [J]. 文化产业，2023（8）：73–75.
[19] 张浩 . 高校英语教育与思政教育深度融合的策略探究 [J]. 品位 · 经典，2023（5）：164–166.
[20] 胡霄 . 跨文化能力对译者翻译行为的影响 [J]. 青春岁月，2023（5）：24–26.
[21] 何楚红，代西良 . 跨文化交际视角下英汉翻译归化与异化策略选择 [J]. 太原城市职业技术学院学报，2023（2）：202–204.
[22] 王英华 . 多元化视域下高校英语教育教学改革研究 [J]. 公关世界，2023（4）：126–128.
[23] 谷琳玉，张明玉 . 高校学生跨文化能力与培养路径研究 [J]. 海外英语，2023（4）：10–12.
[24] 杨维炜 . 多元文化视角下高校英语教育教学探讨 [J]. 海外英语，2023（2）：148–150.
[25] 李谦 . 我国高校英语教育中的中国文化失语现状与对策探究 [J]. 黑河学院学报，2022，13（10）：30–32.
[26] 周瑞雪 . 跨文化交流视域下高校英语教学的创新思考 [J]. 湖北开放职业学院学报，2023，36（13）：9–10，13.
[27] 杨恩华 . 跨文化交际视角下的大学英语写作教学 [J]. 英语广场，2023（14）：

67–71.

[28] 彭文婷 . 跨文化背景下高校英语翻译教学的策略研究 [J]. 湖北开放职业学院学报，2023，36（6）：183–185.

[29] 王雪，常心愉 . 跨文化交际视域下高校英语教学创新研究 [J]. 新课程研究，2023（3）：44–46.

[30] 尹巧玲 . 英语听说教学中学生学科核心素养的培养策略 [J]. 教学与管理，2023（6）：91–95.

[31] 杨丹 . 跨文化视角下文化负载词翻译教学探索与优化 [J]. 高教学刊，2022，8（33）：106–109.

[32] 王宁 . 讲好中国故事背景下英语教师跨文化素养提升研究 [J]. 教学月刊·中学版（外语教学），2022（9）：55–58.

[33] 赵博颖 . 试论跨文化教育对中国电影英译的重要性：以翻译教学为例 [J]. 金融理论与教学，2022（4）：95–97.

[34] 曹韵 . 大学英语中国文化词汇的表达与教学启示：基于跨文化视角 [J]. 金融理论与教学，2022（3）：105–107.

[35] 夏万春 . 跨文化敏感度下英语文化词汇的教学方法探究 [J]. 中国民族博览，2021（23）：131–133.

[36] 王媛，高艳梅 . 跨文化思维下的高校英语翻译技巧创新 [J]. 食品研究与开发，2021，42（17）：243.

[37] 陈晓兰，曾溅 . 高职英语教师跨文化认知与教学现状及优化策略 [J]. 司法警官职业教育研究，2021，2（2）：79–83.

[38] 张科怡 . 跨文化交际视角下大学英语教学模式探索 [J]. 校园英语，2021（4）：24–25.

[39] 柳玉芬 . 词汇教学的跨文化意涵导入：以“作客”为例 [J]. 世界华文教学，2020（2）：93–105.

[40] 明桂花，张晶 . 高校英语教师跨文化交际能力的培养策略 [J]. 校园英语，2020（32）：35–36.

[41] 张玲 . 基于跨文化能力培养的英语写作教学策略研究 [J]. 赤峰学院学报（汉

文哲学社会科学版），2020，41（6）：73–77.

[42] 杨秀梅．本科英语听说教学中跨文化第三空间的建立 [J]. 中国多媒体与网络教学学报，2019（11）：26–27.

[43] 王雅．跨文化视域下的大学英语听说教改思路探析 [J]. 作家天地，2019（18）：21，23.

[44] 程娇艳．跨文化视域下大学英语写作教学模式的研究 [J]. 电大理工，2019（1）：64–67.

[45] 张金花．英语电影与初中学生英语听说能力的培养 [D]. 上海：华东师范大学，2010.

[46] 陈珊．跨文化交际中的汉英禁忌语研究 [D]. 绵阳：西南科技大学，2023.

[47] 刘柯利．大学英语教师跨文化教学信念研究：以 Y 大学为例 [D]. 荆州：长江大学，2020.

[48] 刘晶．高校英语教师专业身份发展叙事探究 [D]. 上海：上海外国语大学，2019.

[49] 赵靖岩．高校英语专业文化教学存在的问题与对策研究 [D]. 长春：东北师范大学，2007.

[50] 颜春晖．跨文化交际中的新闻英语翻译实践探讨 [D]. 兰州：兰州大学，2013.

[51] 胡荣慧．英语翻译中跨文化视角转换及翻译技巧 [D]. 北京：中央民族大学，2012.